家族日和

白熊 繁一

道友社
きずな新書
010

目次

家族のハーモニー②
受け継がれるもの

おやさまのお心を求めて ……… 171

『稿本天理教教祖伝逸話篇』から

プロローグ

雲間から差す光

その日、私は母に手を引かれ、子供の足ではかなり遠い氷屋さんへ足早に向かっていた。

「お父さんはもう、いなくなっちゃうの？」

母の横顔を見上げながら、そう聞こうとしたが、どこかいつもとは違う母の顔つきに、言いかけた言葉をのみ込んだ。私の手を引く母の力が強くて痛かったこと、帰りには母の顔が少しほころんでいたことが記憶に残っている。

経済的にも困窮を極めた幼少のころ、追い打ちをかけるように、父はたびたび病に伏し、そのたびに母と氷を買いに行った。

友達の家にあるテレビや冷蔵庫などはあるはずもなく、父の額に当てる氷嚢《ひょうのう》の氷を入れ替えることだけが続く。いつも晴れ間のない、どんよりとした雲の下にいるような気持ちだった。

父は晩年、自身のことを「わしは病気の問屋や」と言っていた。「だから病気でつらい思いをしている人の気持ちは、よう分かるのや」とも言葉を続け、病気や家庭の事情などで苦しさのさなかにいる人たちを、家族の一員として教会に受け入れ、私がどんなに頑張っても追いつけない優しさで接していた。

父は、生まれつき病弱な体質ではあったが、幾度も死線を乗り越えていく〝命の力〟のようなものを持っていたと思う。母とともに勤めたお願いづとめの際の静寂と緊張も、私には忘れられない記憶だ。

前夜まであんなに唸《うな》って寝ていた父が、ひとたび起き上がると、神様の前に座り、長い間、頭《こうべ》を垂れている。すると、どんよりとした重い雲の切れ間から、父の背中に光が差し込んでくるように感じた。

そして父は、私たち子供を代わる代わる抱きしめた。病中の無精ひげが痛くて、「痛い、痛い」と叫びながらも、その光が嬉《うれ》しく、私たち兄弟は父にしがみついた。

父は私に、教会を舞台にして、おたすけに努めることが大切だという意味で、「教会をマイホームにするな」と生涯言い続けた。そこで、夫婦で相談して「里親」をしたいと告げると、満面に笑みを湛《たた》えた。

教会では、子供たちだけでなく、親神様《おやがみさま》がその時々に不思議なご縁を結んでくださる方を、いまも迎えている。

重い病気や複雑な事情を抱える人たちとの生活は、時に幼いころに感じた、どんよりとした曇りの日々に重なる。が、重い雲はずっと居座るわけではなく、やがてその合間から光が差し込む日が必ずやって来る。その光こそが、家族の祈りとたすけ合う姿なのだ。そこに、父の言葉の本心を思う。

高齢の婦人のAさんは、厳しい病気により余命宣告を受けた後、私に「人生の最後を教会で過ごしたい」と申し出られた。そこで、教会の一部屋を病室に充て、訪問診療の手続きを整えてAさんを迎え入れることにした。

ところが時を同じくして、児童相談所から三歳の女児の緊急委託を受けた。それ以前に、里子として受託していた五歳の男児もいて、Aさんにとっては、予想もしなかった喧噪《けんそう》のなかでの療養生活になった。静かな療養生活が送れないことをAさんにお詫《わ》びすると、「この賑《にぎ》やかさが嬉しい。教会に来て良かった」と涙を流された。

Aさんは、教会での朝夕のおつとめと、病の回復を祈るおさづけの取り次ぎを何よりも喜ばれた。また、子供たちが「おばあちゃん」と呼びかける声は、このうえない栄養剤になった。自分は何も食べられないのに、皆と一緒に食卓に座り、幼い子たちの世話を焼いてくれた。そして、亡くなる直前、おもむろに「会長さんに一つお願いがあるの」と言われた。

「私、生まれ替わったら、またこの教会に来たいの。だから、よろしくね」

「分かりました。こちらこそ……」と、私は語尾を詰まらせながら応《こた》え、握手した。周りにいた教会家族の瞳《ひとみ》からも涙がこぼれたが、それぞれが握手をするなかで、Aさんも皆も笑顔になった。

ある事情から一年ほど教会生活を共にしたBさんは、当時を振り返り、教会にいる子供たちと、認知症を患う私の母の存在が嬉しかったという。子供たちは「おばちゃん」と慕い、母は、つらい記憶がよみがえって突然泣きだすBさんの背中をさすった。いま、社会復帰を果たしたBさんの状況は、その当時とあまり変化はない。でも、教会で感じた光をたっぷりと受けとめ、心はすこぶる元気になった。

家族は年中晴天という訳にはいかない。晴れたり曇ったり、時には嵐や落雷の日々もある。刻々と変わる家族の日和《ひより》だが、一人ひとりの言葉、表情、しぐさ、そして何よりもその存在自体が、雲間から差し込む光になるのだ。

私の心には今日も重く感じる雲がある。でも、その雲の上は年中晴天。だから心配することは何もない。きっとまた雲の合間から、まぶしい光が差し込んでくるだろう。今度は誰《だれ》が、その光の役をしてくれるのかと、楽しみな日々は続く。

家族のハーモニー①

縁あって親と子に

ありがとうの「ムギュー」

「あなた大変、正夫《まさお》が、正夫が……」

深夜、妻が悲愴《ひそう》な顔をして私を呼びに来た。正夫（仮名）が寝ている部屋に駆けつけると、手足をばたつかせて体を揺らし、大声を発している。夜泣きのレベルをはるかに超えた夜驚《やきょう》の症状だった。抱こうとしても、その手を払いのけてしまう。なすすべなく、うろたえ、ただ呆然《ぼうぜん》と見ていると、涙が込み上げてきた。

六年前、里子としてわが教会に迎えた。正夫は当時三歳、元気な男の子だった。施設へたびたび通い、親しくなる努力を重ねて受け入れた。施設からは、紙おむつとパンツが二枚ずつ、誕生日プレゼントのおもちゃのブロック、たったそれだけが入ったビニール袋を手渡された。教会家族の仲間入りをした正夫は、近所でも屈託のない笑顔を振りまき、一躍、人気者になった。

夜驚の症状が出たのは、そんな受託後から数日が経《た》った日のことである。里子たちは一様に、目には見えないが人生の大きな重荷を背負っている。心に深く傷を受けている場合もある。正夫も、わずか三歳になるまでに施設を転々としており、ようやくたどり着いた教会で、いままでの心の鬱積《うっせき》を晴らしているかのようにも見えた。

私たち夫婦は当初、毎夜繰り返される夜驚に戸惑い、焦り、方途を見失っていた。その症状が出ている間、ただ正夫を見つめ、つらかったのだろう、苦しかったのだろうと、生まれてからの三年間を察して、切なさに涙があふれた。

おやさま（天理教教祖・中山《なかやま》みき様）のお心に沿いきろうと思案したとき、逸話篇（『稿本天理教教祖伝逸話篇』）の中のお言葉が心に浮かんだ。

「人の子を預かって育ててやる程《ほど》の大きなたすけはない」

「世話さしてもらうという真実の心さえ持っていたら、与えは神の自由《じゅうよう》で、どんなにでも神が働く。案じることは要《い》らんで」

「真実の心」とは何か、夫婦で思案を重ねた。そして、妻のお腹《なか》に子供を授かったときの情景を思い出した。

日々大きくなるお腹をさすり、「お父さんもお母さんも待っているよ」と語りかけ、母胎の中で手足を伸ばすようになると、「元気な子ね」と言って幸せ

を味わった。「そうだ、これを正夫にもしてやろう」と思いついた。正夫はもう生まれてきているけれど、お腹をさすったように正夫をさすろう、抱きしめよう、語りかけようと話し合った。

「つらかったなあ、もっと早く出会えてあげられなくてごめんね」「お父さんとお母さんと、幸せつくろうね」と、ばたつく体をさすりながら毎夜語りかけた。

また、夜寝る前の「ムギュー」を始めた。正夫を膝《ひざ》に乗せ、「もう大丈夫だよ。正夫にはお父さんもいるよ、お母さんもいるよ。なんにも心配しなくていいんだよ。ムギュー」と言って抱きしめた。

そんな毎日の繰り返しのなか、薄紙をはぐように二カ月ほどで夜驚の症状は消えていった。

正夫はいま、元気いっぱいの小学四年生になった。ダンスもうまいし、リレーの選手にも選ばれた。それに、なんといっても優しく、いつも大勢の友達に囲まれている。

あの夜驚以来、里子たちへの「ムギュー」は毎晩続いている。でも、このごろ、正夫は自分の「ムギュー」の後で、四歳の里子・将太《しょうた》（仮名）を「ムギュー」と言いながら抱いてくれている。

「きょうも一日ありがとう。ムギュー」

わが家の家族団欒《だんらん》のひとコマであり、至福のひと時だ。

〝桜シャワー〟を浴びた日

私どもの教会の前には、桜並木の遊歩道が続いている。毎年、春の訪れとともに見事な花を咲かせ、街を薄桃色に染めて人々の目を楽しませてくれる。

やがて、頬《ほお》に心地よいそよ風に乗って、花びらが一斉に舞い踊る。大勢の子供たちが桜の木の下に集まる。みんなで降り注ぐ花びらを浴びるのだ。子供たちはそれを〝桜シャワー〟と呼び、そのときの歓声といったらそれは賑《にぎ》やかで、聞いているだけで街中が春の幸せに包まれているかのようだ。

数年前のそんな桜の季節の出来事だ。わが家の正夫とその友達が十人ほど集まり、桜シャワーを浴びていた。子供たちの大歓声につられて、妻と共に降り注ぐ桜を見に行った。そろそろ喉《のど》も渇《かわ》くころだろう、桜の下でミニお花見でもしようかと、お茶とわずかばかりのお菓子を持参した。

子供たちを呼び寄せ、紙コップにお茶を注《つ》いでいると、ある子が突然「正夫君は、なんでお父さんたちと名字が違うの？」と聞いた。このとき正夫は小学二年生、わが教会に来て五度目の春を迎えていた。

里子の姓については、受託する里子の状況や里親の取り組み方によって異なるが、わが家はどの子も本名を使っている。だから郵便受けには、いくつもの名字が並んでいる。

あまりに唐突な質問に、春の景色も歓声も瞬間冷凍のように固まってしまった。紙コップやおやつを持つ子供たちの小さな手も、行き場をなくしたかのように止まった。

正夫が里子であることは、学校にもクラスの親御《おやご》さんたちにも伝えてあり、正夫の友達も詳しくはないだろうが、知ってくれてはいる。質問をした子も、決していじわるからではない。子供の世界は単刀直入なだけに、時には厳しくもある。


桜の下の長く感じる静寂を、正夫が元気な口調で破った。

「いいの、いいの、そんなことは。また桜シャワーを浴びようよ」

どんな気持ちでその言葉を発したかを想像し、私は胸が詰まった。すると妻が、子供たちの輪の中に腰をかがめた。ほほ笑みながら一人ひとりを見つめ、言葉をかけた。

「和也《かずや》君のお家《うち》のおばあちゃんはお元気になった？」「うん、もう元気になったよ」「たっちゃんのお家は兄弟が多くて賑やかでしょう？」「ぼくの家は、いつもすっごくうるさいんだ」「さっちゃんのお父さんは外国に転勤中だったよね？」「うん、アメリカにいるの」と。

そうして妻は言った。「家族って、一軒一軒みんな違うよね。実は人も家族も、みんな違うの。その違いをみんなで分かり合うと、仲良くなれるし、幸せになれると思うんだ」「正夫は理由《わけ》があって名字が違うけど、大切な家族なの。お父さんもお母さんも正夫のことが大好きなんだ。ね、正夫！」と言うやいなや、そばにいた正夫を抱きしめた。子供たちが「きゃあ」と黄色い歓声を上げた途端、春と笑顔が戻ってきた。

近年の布教生活のなかで、崩れゆく家庭の兆しを感じる。きらめく瞳《ひとみ》で妻と

話をする子供たちが、いつまでも幸せであってほしいと祈るばかりだ。

私どもの教会では、里子に限らず、お年寄りも若者も、その時々に引き寄せられた方々と生活を共にする。そうした教会家族には、血縁や名字などのつながりはない。親神様《おやがみさま》に結んでいただいた不思議な縁と強い絆《きずな》が嬉《うれ》しい。

桜シャワーを浴びた日、夕食の支度《したく》をする妻の背中を正夫がそっと叩《たた》いた。

妻が振り向くと、「お母さん、ぼくも大好き！」と言って、その胸に顔をうずめた。

三つのメダカの水槽

うららかな春の陽気に街が包まれるころ、私どもの教会の玄関には三つの水槽が並ぶ。一つ目は、いつも飼っているメダカ。二つ目は、そのメダカが産んだ卵たち。そして三つ目は、卵から孵《かえ》った赤ちゃんメダカの水槽だ。

八年前、私たち夫婦が里親として初めての里子・正夫を迎えた翌日、父がメダカを五匹買ってきたことに始まる。

父は毎朝、三歳の正夫を抱き、水槽をのぞかせながら餌《えさ》をやる。それは正夫とおじいちゃんの楽しい日課の一つとなった。

翌年の春、肉眼では見落としてしまいそうなくらい小さく光る粒が、藻《も》に付いているのを妻が発見した。メダカが卵を産んだのだ。神秘的な煌《きら》めきに魅《み》せられたが、それを放っておくと親メダカが食べてしまう。そこで小さな別の水槽を用意して、卵を産むたびに、その水槽へ移し替えていった。

しばらくすると、卵からメダカが孵化《ふか》し、そのか弱い新しい命の誕生に家族みんなで感嘆の声を上げた。しかし、赤ちゃんメダカも放っておくと日に日に大きくなり、また卵を食べてしまう。今度は赤ちゃんメダカ用に新しく水槽を用意した。こうして三つの水槽が並ぶことになった。それからというもの、年ごとにメダカは増え続け、多いときは百匹を超える年もあった。

四年前、わが家は小学二年になった正夫のほかに、高校生の夏子《なっこ》(仮名)を受託していた。夏子は、ただでさえ難しい年ごろであり、負けん気の強い性格も手伝って、たびたび先生を困らせ、私は保護者として頻繁《ひんぱん》に高校へ呼び出された。彼女は家でも気持ちの変化が激しく、妻とその対応に憂慮し、特に年下の正夫に対する言動には気を配っていた。

そんなある日、正夫が三つの水槽を楽しそうに眺めながら、「お父さん、この赤ちゃんメダカ、大きいメダカの水槽に入れてあげようよ」と私に言った。私は「大きいメダカは元気が良すぎて、赤ちゃんメダカを追いかけ回すから大変なんだよ」と応《こた》えた。すると正夫は「大丈夫だよ。一緒にいたら、だんだん優しくなるよ」と言った。

思わず正夫の顔を見つめていると、「お父さん、家族はたくさんいたほうが楽しいよ」とも言った。夏子のことで心がいっぱいになっていた私は、正夫の言葉に胸が詰まり、「ありがとう」と言うや正夫を抱きしめていた。

かねて夏子には、夫婦で祈るような気持ちで心と言葉をかけてきたが、少しずつ気持ちが落ち着き、荒れた言葉や態度も自然と消えていった。笑顔が増えた夏子を見ながら、家族が寄り添って過ごした日々の大切さを思う。正夫の言葉は、教会でさまざまな人や子供を迎えるたび、いつも心に浮かんでくる。

正夫が大好きだったおじいちゃんが亡くなり、餌やりは正夫一人で続けていたが、最近になって、その役を五歳の将太にバトンタッチした。私の娘に抱かれ、将太は毎朝それを楽しんでいる。

「おーい、お父さんメダカ、おはよう。お母さんメダカ、元気?」

「えっ、どれがお父さんメダカなの?」

娘と将太の愉快な会話が毎朝繰り返されている。

いま一つの水槽にいるメダカは、みな同じ大きさだが、そのメダカたちが将太の心に「家族」と映っていることが嬉《うれ》しい。子供たちはみな、家族のつながりを感じる力をたっぷり持っていることに気づく。

今年もメダカたちは、自然の神秘とともに家族を感じさせてくれることだろう。そろそろ、卵と稚魚の水槽を玄関に用意しよう。

正夫の一番探し

里子の正夫が小学三年生の冬の夜、一緒にお風呂に入っていると、「お父さん、なんでぼくには一番のものがないんだろう?」と聞いてきた。いつになく、少し深刻そうな顔つきだった。その日、クラスで「私の一番」を発表する時間があったが、正夫は何も言えなかったという。

漢字の書き取りや計算の速さ、縄跳びの回数や走るスピード、なかには給食を食べる速さを発表した友達もいたらしい。正夫も一輪車やけん玉はとても上手なのだが、みんなの前で発表する自信がなかったのかもしれない。

「お父さんは、正夫の一番を知っているよ」と言うと、正夫が「えっ、何?」と真剣なまなざしで私を見た。

「それは正夫が優しいことだよ。毎日、大勢の友達が遊びに来るじゃないか。それは正夫が優しいからだと思うよ。これが正夫の一番だよ。目には見えない一番があっても、お父さんはいいと思うな」と答えた。

実際、毎日学校が終わると、学年や性別にかかわらず、大勢の子供たちが正夫を訪ねてやって来る。私たち夫婦はこれがとても嬉《うれ》しく、妻は子供たちにお茶を用意したり、いい機会だからと、玄関に入るときのあいさつや、靴を揃《そろ》えることなどを、さりげなく教えたりしている。このことは学校も承知するところとなり、先生方や親御《おやご》さんからもとても喜ばれている。

正夫は湯気の向こうで頰《ほお》を染め、「お父さん、それならできそうな気がする。

ありがとう」と言うと、いつもの笑顔に戻った。

数日後、冬休みに入り、私は正夫に書き初めの手ほどきをした。

私は子供のころ、祖母から書道を習った。亡き祖母は明治生まれの元師範で、姿勢を正すことや、時間をかけて墨をすることから始まり、筆の使い方などを丁寧《ていねい》に指導してくれた。

遠い日の祖母の声を耳元に懐かしく再生しながら、正夫と書き初めの練習に取り組んだ。

間もなく三学期が始まり、学校で書き初め大会が開催された。その翌日、息せき切って学校から帰ってきた正夫が、「お父さん、金賞だったよ！」と私の胸に飛び込んできた。

37 —— 正夫の一番探し

後日、学校に展示された作品を妻と見に行くと、そこには元気あふれる正夫の字があり、左上に金色の紙片が光っていた。私はその勢いのある字に、正夫に多少なりとも「自信」が備わってきたことを感じた。

正夫の作品は翌年からも金賞を取り続け、学校を代表して地域の展覧会にも出品された。文字通り胸を張れる一番なのだが、当の正夫は一向に頓着《とんちゃく》なく、普段と同じように大勢の友達に囲まれながら、優しさを発揮していた。

私は、おやさまの「やさしい心になりなされや。人を救《たす》けなされや。癖《くせ》、性《しょう》分《ぶん》を取りなされや」というお言葉を、教会に掲げている。見るたびに心に響くお言葉で、常にそうありたいと思っているが、正夫にはいつも負けてしまう。

正夫が初めて金賞を取ったころ、私たち夫婦は二歳の将太を受託した。将太は当初、毎晩の夜泣きが止まらなかった。

深夜、将太の泣き声に起きてしまった正夫が、将太をあやす妻に「お母さん、ごめんね」と言った。「どうして正夫が謝るの？」と聞くと、「将太はまだ、ごめんねが言えないから、代わりに謝ったの」と言った。妻は胸を詰まらせて正夫を抱きしめた。

「お父さん、今年も書き初め頑張るね」

この冬、正夫と取り組む書き初めが、いまから待ち遠しい。

とびっきりの春が来た

とびっきり嬉《うれ》しい春がやって来た。この春、当時三歳で受託した正夫が中学校に、二歳で受託した将太が小学校に、それぞれ進学する。学校の説明会に行ったり、クラブ活動の話題で盛り上がったり、親子でつい心が浮き立つ日々を過ごしている。

そんなある日、将太が通う保育園から卒園アルバム作成の宿題があった。将太のページには、娘がかわいいイラストを施し、家族全員のメッセージを寄せ書きすることにした。

皆が次々に用紙を回しながら、お祝いや励ましの言葉などを書いているとき、正夫が「ぼくの卒園アルバムも見たくなったよ」と、大きな箱とアルバムを抱えてきた。箱のふたを開けると、正夫がわが家へ来たときから今日までの思い出が次々に飛び出した。

保育園で取った手形や足形に、「わあっ、こんなにちっちゃかったんだ、かわいい」と歓声を上げ、「ねえ、見て見て、これ正夫が初めて書いた字よ」「この絵、上手だね」などと、しばし正夫の宝箱にみんなの目がくぎ付けになり、成長の記録を懐かしく楽しんだ。

アルバムには、「まさお語講座・おどゅど（お風呂）、あろんらま（しゃぼん玉）」など、幼い日の言葉の成長メモも付されている。絵や習字をはじめ、時々の愉快な記録は、どれも妻が大切に記して綴《と》じたものだ。忙しい教会の用

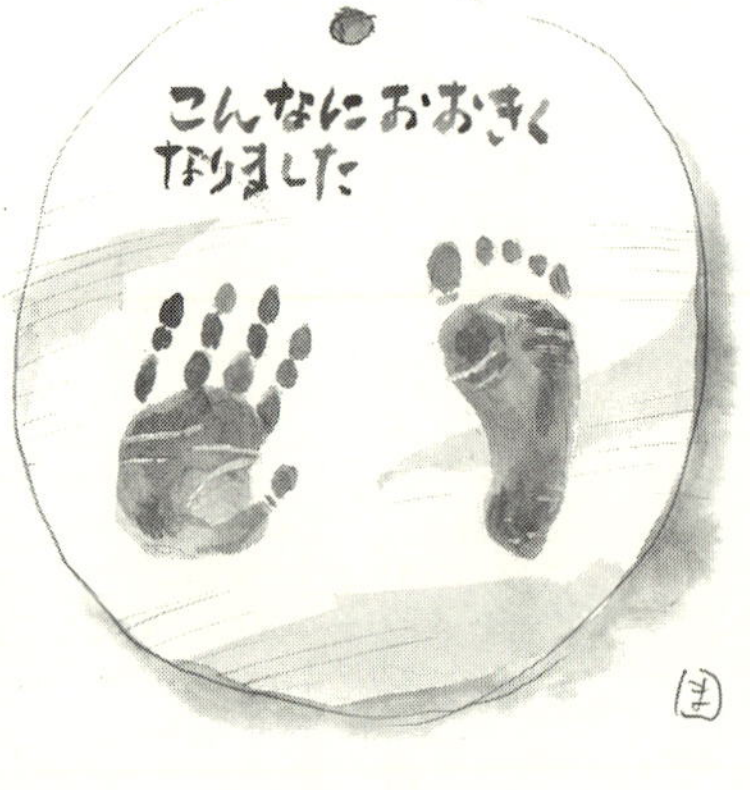
こんなにおおきく
なりました

事をこなすなかで、子供たちの思い出を丁寧《ていねい》に残してくれていることに感謝した。そして、一冊のアルバムを、家族が頭を寄せてのぞき込み、笑い声が弾む様子に、ほのぼのとした幸せを感じた。

私が「お母さんって、すごいね。こんなに大切に思い出を残してくれているんだね」と言うと、正夫が「お母さん、ありがとう」と言い、妻は「お母さんこそ、ありがとう。幸せだね」と応《こた》えた。

子供たちの宝箱には、楽しく嬉しい思い出がたっぷり詰まっているが、子供たちを受託してから今日までの日々は、決してそのような日ばかりではなかった。

里子たちの多くは受託後に、環境の変化や期待、不安が交錯する心理を「試し行動」という形で表す。その表現方法はさまざまだが、そうした行動の深層には「本当にぼくを受けとめてくれるの？　守ってくれるの？」という大きなメッセージが隠されている。

時には胸が詰まるような厳しい場面もあったが、いつも「大丈夫だよ、お父さんもお母さんもいるよ、安心していいんだよ」と語りかけながら、子供たちを抱きしめてきた。また、里子たちに対して周囲から思慮のない言動を向けられた日もあり、持って行き場のない感情に唇《くちびる》を噛《か》みながら、やはり子供たちを抱いた日もあった。

妻は、そんな悲しさや切なさをも、子供たちの笑顔と成長の喜びにかえて、一つひとつの思い出をアルバムに綴じてくれたのだろう。妻の「幸せだね」という言葉に、どんな日も「ありがとう」と子供たちを抱きしめて過ごした温《ぬく》もりを感じる。

私は人一倍涙もろく、テレビの感動シーンでは、ついポロポロと涙を流してしまう。昨夜の夕食時、正夫が「将太の卒園式には、お父さん絶対泣くだろうね」と言った。私は大きな声で「泣かないさ」と強がりながら、卒園式だけでなく、正夫の卒業式も、二人の入学式も大泣きするだろうと思った。とびっきりの春だから、誰《だれ》に何と言われようと、笑われようと、妻と一緒にたっぷりと嬉し涙を流してこよう。

妻はきっと、これからも楽しいページを綴じてくれることだろう。いつかまた、子供たちが宝箱を開ける日のために……。

銭湯で会ったおじさん

私は時折、子供たちを連れて近所の銭湯へ行く。銭湯といってもジャグジーや露天風呂、薬草湯などとても充実していて、特に寒い冬に大きな湯船に身をゆだねていると、心も体も癒《い》やされる。子供たちも銭湯が大好きで、私が誘うと大喜びで付いてくる。

ある日、子供たちと一緒に露天風呂で楽しんでいたとき、私より少し年配と思える方が後から入ってきた。私が子供たちと、たわいもない話をしている様子を見ながら、「元気な子供たちだねぇ。お子さんかい？　お孫さんかい？」と、きっぷのいい江戸っ子弁で私に聞いてきた。

このごろ、小学一年生の将太を連れていると、こうした質問をよく受ける。幼い里子のために懸命に若作りを心がけているが、悲しいかな、減りゆく髪と増えゆく皺《しわ》は、努力だけではどうしようもない。

私が「子供なんですよ」と答えると、「ほう、そうかい。そりゃあ失礼」とおじさんは言った。

子供たちが「お父さん、隣のお風呂に入ってくるね」と言って屋内へ移った。おじさんが「お父さんか、いいねえ」と言い、「俺《おれ》は若いときに女房と別れちまってね。たまに子供に会わせるって約束だったが、最近はもう忘れられちまった。孫もできたって聞いちゃいるんだがなあ。たぶん、あの子ぐらいの年のはずだ……」。おじさんは露天風呂からガラス越しに、はしゃぐ将太を目を細めて追った。

私は「いまの子供たち、実は里子なんです」と話した。おじさんはびっくりしたような顔をして、「そうか、偉いなあ。世の中、次々に家族が壊れていくっていうのに……。いや、この俺も壊しちまった張本人だけどな……」と言った。

しばらく沈黙が続いた後、「久しぶりに子供の声でも聞いてみようかなあ。孫にも会ってみたいもんだ」とおじさんは言った。私は「もしかすると子供さんたちも、お父さんの声を待っているかもしれませんよ」と応《こた》えた。おじさんは、「あんたは優しいお父さんだなあ。いやあ、いい光景を見せてもらったよ」と言い、長話にすっかりのぼせたお互いは洗い場に入った。

おじさんは洗面器と腰掛けを将太の隣へ持っていき、「おい、ぼく、おじさんが頭を洗ってやろう」と、将太のいがぐり頭と体をごしごしと洗ってくれた。将太は「うひゃあ、くすぐったいよ！」とはしゃいだ。勢いよくシャワーを掛けた後、「じゃあな、ぼく」と将太の頭を撫《な》でて、おじさんは風呂場から出ていった。

しばらくして脱衣場へ行くと、すでに帰り支度《じたく》を済ませたおじさんは、私たちを待っていた。両手には水滴の付いた缶ジュースを用意し、二人の子供に差し出した。一緒にお礼を言うと、「今日の風呂は楽しかったよ」と、ほほ笑んだ。私は「また、ここでお会いできたら、子供の頭、洗ってやってください」と言い、帰っていくおじさんの背中に心のなかで手を合わせた。どうか子供さんと電話がつながりますように、すてきな会話になりますように……と。

「家族」のつながりは、日ごろからみんなで支え合ってこそ強くなるものだと思う。万一そのつながりにほころびが生じても、誰《だれ》かが家族の心を察して繕《つくろ》いに心を向けるとき、きっとまた強い絆《きずな》を持つ家族に戻ることができるのではないかとも思う。

帰り道、中学生の正夫が、「お父さん、さっきのおじさん、何かあったの？」と私の顔を窺《うかが》った。「どうして？」と聞くと、「おじさん、将太の頭を洗いながら、泣いていたから……」とつぶやいた。

将太の輝き発見！

小三の里子・将太は、わんぱく坊主を絵に描いたような少年だ。いがぐり頭にニコッと笑ったときの白い歯が、タンクトップと半ズボンから出る日焼けした肌によく映える。

将太はどういう訳か、受託したときから何かにつけて「お父さん」という言葉を口にする。「ただいま！　お父さんは？」という具合だ。ゲーム機を持ち寄って遊ぶ子供が増えるなかで、毎日泥んこになって遊ぶ姿には、嬉《うれ》しさも感じている。

ただし、勉強や宿題などといった言葉には極度のアレルギー反応を示す。時に突拍子もないいたずらや、不適応な行動もあり、学校や近隣からお叱《しか》りの電話も入る。妻と手分けして謝りに行くこともしばしばだ。

将太の起こしたある出来事について、妻と相談をしていたときのこと。中三の正夫が将太を自らの膝《ひざ》に抱き、幼い子供向けの番組に付き合ってくれていた。私たちの心中を察して、自分にできるお手伝いを買って出てくれたのだ。その優しい心づかいが嬉しかった。

子供たちは、みんなキラキラした光を放っているものだが、私は出会う子供たち一人ひとりが、その子だけの特別な輝きを持っているようにも感じている。その光の発見が親の仕事かもしれない。正夫の優しさも、その輝きの一つだ。

将太が小学校に入学した際の体力測定種目に、ソフトボール投げがあった。

将太はなんと二〇メートルを投げ、計測係の六年生から感嘆の声が上がった。私は「将太の輝き発見！」とばかりに、地域の少年野球チームに入団のお願いをした。当時、ルールも知らない将太だったが、いまではすっかり野球少年になった。

今年、わが家では娘夫婦に赤ちゃんが誕生し、一段と賑《にぎ》やかになった。娘は「じいじ、ちょっとお願い」と言って、私に赤ちゃんを託す。「じいじは余分だ」と娘には言うが、新しい命を胸に抱く楽しみが増えた。

ある日、赤ちゃんを抱く私のところへ将太がやって来て、耳打ちした。「抱っこが終わったら、ぼくもかまって」と。娘が赤ちゃんを引き揚げると、すかさず将太が膝の上に乗ってきた。皆が「でっかい赤ちゃんだね」と言って和《なご》む

なか、私はそっと将太を抱きしめた。

数日後の晩、将太が「きょうはお父さんと寝る」と言って、枕を抱えて部屋にやって来た。布団に入ると、学校や給食、友達や野球のことなどを湧《わ》き水のようにしゃべり続けた。その一つひとつにうなずきながら、「そろそろ寝ようよ」と横を見ると、すでに気持ち良さそうに寝息を立てていた。頬《ほお》を撫《な》で、そっと手を握ると、手のひらには素振りのタコだろう、頑張っている証しがあった。

孫の誕生は、将太の心にはライバル出現と映ったのかもしれない。体もずいぶん大きくなり、力も強くなったが、干してあるTシャツを見ると、かわいいものである。お父さんにもお母さんにも、まだまだ抱かれたいのだろう。「ずっとずっと、抱きしめているよ。大丈夫だよ」と、安らかな寝顔に語りかけた。

日々成長する将太と、こうして枕を並べて寝られる日も、そう多くはないだろう。こんな晩を大切にしなければと、しみじみ思った。

翌朝、娘婿《むこ》が赤ちゃんを将太の膝に託した。将太は「抱っこ、うまいでしょ」と、少しの緊張と、照れと嬉しさがあふれた笑みを皆に向けた。

その日、野球の試合を終えて帰ってきた将太が、けたたましく私を呼んだ。そして、泥んこのユニホーム姿で「ホームラン打ったよ！」と叫ぶやいなや、私の胸に飛び込んできた。そばにいた母が「すごい！」と言って拍手を送った。

家族の応援を受けての里親生活が嬉しい。輝きを放つ子供たちが、一段とまぶしくなってきた。

〝ちょっとマザコン〟

妻と結婚してはや三十余年、その半分近くを里親として、出会う子供たちと共に家族を紡《つむ》いできた。正夫は、その最初から今日までを通して私たちのもとにいる。ようやくわずかな言葉を発する幼い正夫を、「おかえりなさい」と夫婦で抱きしめて迎えた日が、ついこの間のことのように思える。

その正夫も、もう高校生。声も太くなり、身長もとっくに私を抜き、立ったままの会話では、私が見上げなければならなくなった。そんな正夫だが、学校から帰れば「お母さんは？」と聞く姿は、幼いころと変わらない。

ある日の夕食どき、帰ってきた正夫が「ねえ、お母さんは？」と聞いた。私が「おまえは、いつまでたってもお母さんなんだなあ」と笑うと、「ぼくは〝ちょっとマザコン〟かもね」と、正夫も笑った。その言葉を聞きに来たかのように、隣の部屋から現れた妻もほほ笑んだ。マザコンの前に付けた〝ちょっと〟という表現と、家族みんなの前で何の衒《てら》いもなくそう言える正夫に、健康な成長を感じた。

妻は朝から晩まで二十四時間、年中無休。もしお母さん業にタイムカードがあれば、「終業！」と言って押す時間はないだろう。朝は誰《だれ》よりも早く起き、夜は子供たちが寝静まってから洗濯物をたたみ、翌日の朝餉《あさげ》の支度《したく》にまた台所に立つ。そして何よりも、子供たちが一日中、呼び叫ぶ「お母さーん」に応《こた》えている。〝ちょっとマザコン〟は、そんなお母さんへのささやかな賛辞かもしれない。

ベタベタ甘えるわけでもなく、時に対戦モードでやって来るときは、妻も私もかなわない。そんな生意気盛りの高校生だからこそ、〝ちょっとマザコン〟が何ともおかしい。


数日後の夜、事務仕事をしている私の部屋に正夫が来た。「お父さんに相談がある」との言葉に、私はペンを置き、正夫に向き直った。高校を卒業したら大学へ行きたいこと、おぼろげながら描く将来の夢、その目標のためにアルバイトをしたいと告げた。

いつの間に、こんなにしっかりした考えを持つようになったのかと、目の前に立つ正夫にまばゆさを感じ、すべて承諾した。「ありがとう」と言い、部屋から出ていく正夫に、「大学のことは、お母さんとも相談しておく」と言いかけると、「ここに来る前に、お母さんにも全部言ってきた」と、部屋の外から叫んだ。数日前の〝ちょっとマザコン〟を思い出し、私は吹き出した。

正夫には、私よりも妻のほうが話しやすいのだろう。妻は、それを全部聞いたうえで、「とても大切なことだから、お父さんに相談したほうがよい」と伝えたに違いない。日常の些細《ささい》な、ほんの一ページの出来事だが、夫婦の思いが嚙《か》み合っていることと、そのなかで子供たちが、それぞれの現実と私たちに向き合ってくれている姿が嬉《うれ》しかった。

遠き日、私たち夫婦に娘が誕生したとき、妻の祖母が「子育ては何も難しいことあらへん。親が育てばええんやで」と、お祝いの言葉に添えて助言してくれた。そのときの大和《やまと》弁が優しく心に染み、以来、子供たちにさまざまな出来事が起こるたびに、その言葉が浮かんできた。
子育てに不安や悩みは付きもので、それらを乗り越えながら、気がつけば、私たち夫婦が育ててもらっていた気がする。さりげない日常のひとコマに、育て合いの積み重ねを感じる。

ある日の食事中、「好きな子」が話題に上った。わんぱく盛りの小四の将太が真っ赤な顔をして、意中の子の名前を言おうか言うまいかためらいながら、「おいらは、お母さんみたいな人と結婚する！」と宣言した。〝ちょっとマザコン〟がまた誕生し、大爆笑の夕食になった。

お母さんが一番！

文也と絆創膏

昨年、色づく木の葉が北風に吹かれ始めたころ、四歳の里子・文也《ふみや》（仮名）を迎え、家族が一人増えた。

児童相談所から委託の相談があったとき、還暦秒読みの私たちが四歳児の親に？　と、思わず夫婦で顔を見合わせた。が、文也は生まれつき、いくつかの障害を併せ持っていることも聞き、夫婦で引き受ける心を定めた。

とはいうものの、戸惑いは隠せず、初めて文也がいる施設へ向かう道中、「いまから幼児の母親になれるかなあ」と妻がつぶやき、その言葉に私自身も口ごもった。

しかし、初めて文也に会うと、横にいた妻は満面の笑みで「かわいい！」と叫んだ。そこには先ほどの弱音など微塵《みじん》もなく、いつもの「お母さん」に戻っていた。私の心のなかにあった不安は、いっぺんに吹き飛んだ。

その晩、家族に文也の受託について相談した。まず、娘夫婦が「どんなことでも協力します」と快諾し、高校生の正夫は「お父さん、楽しみだなあ」とほほ笑んだ。そして、超わんぱく坊主の小四の将太が「おいらが面倒見てやるぜ」と宣言した。

心強い家族が、なんとも嬉《うれ》しかった。

それから、あっという間に文也が来る日を迎えた。娘夫婦や正夫の協力は言うまでもないが、将太も文也の入浴やトイレの世話を買って出てくれている。

先日、文也が保育園から大泣きで帰ってきた。園庭で転び、ひじを擦りむいたという。傷を見ると、うっすらと血がにじむ程度。私は「たいしたことない。大丈夫、大丈夫」と頭を撫《な》でた。すると、正夫が「お父さん！　痛さは、みんな違うんだよ。こんな怪我《けが》でも、きっと文也にはすごく痛いんだよ」と言い、その言葉を受けて将太が「そうだよ、お父さん優しくないなあ」と言い、子供たちから集中砲火を浴びた。妻はそれを聞きながら、笑いをこらえるように、文也の腕に絆創膏《ばんそうこう》を貼《は》った。

私は文也を受託してから、障害もさることながら、そのか弱い性格を心配していた。アウトドア派で生傷が絶えない将太と、つい比較してしまい、そんな将太のたくましさが文也にも備われればと思っていた矢先の怪我でもあった。

人はみな違い、同じ人は一人としていない。違いを指摘するのでなく、分か

り合うことが大切だと、私は日ごろから子供たちに言ってきた。正夫から言われたことは、まさしくその違いであり、子供たちはそれを理解してくれているのに、肝心の私が分かっていなかったことに気づかされた。いつも生傷だらけの将太と文也とでは、怪我の痛みも明らかに違うのだ。私は子供たちに謝った。

その晩、妻に代わって文也を寝かしつけた。二段ベッドの下が文也で上が将太。文也の体をトントンして寝かせながら、寝入った文也の傷を手のひらで包み、心のなかで「ごめんね」と謝った。

すると、上の段から将太が身を乗り出して下をのぞいた。これだから怪我が絶えるはずがない。「おい、落ちるぞ」と言うと、「父ちゃん、文也が終わったら次はおいらね」と言う。久しぶりに将太の体をトントンしてやると、手も足も絆創膏と湿布だらけだ。「痛くないのか?」と聞くと、「ドンマイ、ドンマイ」と強がった。「元気な体にありがとうだな」と言って、その傷を手くぼに包んだ。

傷も感じ方も考え方も、人はみな違うということを、あらためて知る晩になり、吹きすさぶ北風の音を聞きながら、子供たちの温《ぬく》みをたっぷり味わった。

隣の部屋で勉強している正夫に「次のトントンはおまえか?」と聞くと、「いま、試験勉強中。お静かに」と言って戸を閉めた。ちょっと調子に乗りすぎたかな。

受け継がれるもの

家族のハーモニー②

一把のうどん

「手を合わせてください！　それでは皆さんご一緒に、いただきます！」

五歳になった里子の将太《しょうた》の大きな声で、わが家の夕食が始まる。保育園で将太が給食当番の日は、わが家でも同じように食事の号令をかけてくれる。おいしい料理がますます、うまみを増す。

今夜はグラタン。ほかほかの湯気が、子供たちの歓声に踊る。「熱いから、やけどをしないようにね」と妻が言うと、「お母さん、おいしい！」「きょう学校でね……」と、子供たちの会話が止めどなく湧《わ》き出す。

おやさまは、「食べる時には、おいしい、おいしいと言うてやっておくれ……」とお教えくださっている。食べ物はすべて動植物の命であり、それを頂いて人は命を育《はぐく》んでいる。感謝して食べることは、頂く命に対して私たちができる恩返しであり、どんなに感謝しても尽きることはないと思う。

教会で食事をするとき、その日居合わせる全員が揃《そろ》うのを待ち、皆で合掌して「いただきます」を言ってから食べる。食事をしながら一日の出来事などを話すせっかくの楽しいひと時だから、私はこの時間をとても大切にしてきた。

幼いころ、ある事情から家族で引っ越しを余儀なくされ、しばらくの間、トタンと板で囲った家で生活した。状況はとても深刻だったが、父はいつも、「これがありがたいのや、これが結構なんや」と励ましてくれた。私たち子供は、不自由ななかでも、その言葉を聞くと気持ちが元気になった。

ささやかな食事だったが、父はその都度、「ありがたいなあ、おいしいなあ」と言い、母は食べ物に事欠く日も工夫を凝らして調理してくれた。困難ななかも家族で過ごした日々の光景とともに、父の言葉がいまも心に生きている。

私の娘が幼いころ、「おじいちゃんがいままでで一番おいしかった食べ物はなあに？」と、父の膝《ひざ》の上で聞いた。父は「おまえのお父ちゃんが小さいころ、一緒に食べたおうどんやなあ」と答えた。

私は瞬間、当時の光景を思い出した。一把《わ》の乾麺《かんめん》うどんを家族七人で分け合って食べた日があった。塩も醬油《しょうゆ》も出汁《だし》もろくになく、味気ないうどんだった。おそらく父も母も、それさえ満足に食べていなかったことだろう。

孫ににこやかに答えた返事に、「あの日を忘れるなよ」という父の思いを感

じ、心に深く刻んだ。

その父もすでに亡くなったが、私は時を経て、父が「あの日」を忘れないためだけでなく、本当に「おいしかった」から言ったのではないかと思うようになった。

私どもの教会では、里子たちや縁ある人たちを迎えるため、家族の構成もその都度変わる。しかし、皆で揃って食べること、どんななかも仲睦《むつ》まじく分け合って食べることの「おいしさ」を、父は私たちの心に遺《のこ》してくれたのではなかったか。

数日前の夜中、ある少年から突然、電話があった。父親と大げんかをして家を飛び出したという。すぐに教会に来るように伝え、父親には心配しないよう、そっと連絡した。

うなだれてやって来た少年は、一方的に父親への雑言《ぞうごん》をまくし立てると、なだめる言葉も聞かず、私の横に敷いた布団に身をくるみ、寝息を立て始めた。よほど疲れていたのだろう。社会や家庭でももがき苦しむ少年の姿を見て、心が痛んだ。そして、寝顔に「明日、おいしい朝食をみんなと一緒に食べよう。元気が出るぞ」とささやいた。

父が育てた盆栽

過日、町内を歩いていたときのこと。「白熊《しらくま》さん、ちょっとこちらへ」と、ご近所のHさんに呼び止められた。木戸をくぐり抜けて裏庭へ行くと、たくさんの盆栽が並び、どれも生き生きとしていた。その中の一つをHさんが指さした。「覚えていますか？」。Hさんの言葉と同時に、私は胸の高鳴りを覚えた。

それは、亡き父が丹精込めて育てていたケヤキの盆栽で、青い陶器の鉢にこんもりと緑を湛《たた》えていた。当時より幾分、幹も太くなったようだ。

「あなたのお父さんとは、よく盆栽の話をしたものだ。あるとき、このケヤキを私が褒めると、あなたのお父さんは何のためらいもなく、『差し上げましょう』と言うんだ。そんなつもりで褒めたのではないと言って断ったのだが、『植木の好きな人に育ててもらったら、このケヤキも嬉《うれ》しいし、私も嬉しい』と言われてね……」

Hさんはひと呼吸おき、「それから間もなくだった。あなたのお父さんが亡くなったのは……」と言葉を詰まらせた。

鼻眼鏡で盆栽の角度を変えながら眺めては、鋏《はさみ》でパチンパチンと剪定《せんてい》していた父の姿が、ケヤキの向こうに浮かんだ。

私どもの教会は、狭い土地いっぱいに建物が建っている。庭もなく、わずかな隙間《すきま》にプランターや植木鉢を並べる程度だが、父は晩年、教会の用事のかたわら、その狭いスペースで盆栽や花の栽培をたっぷり楽しんでいた。

あるとき私は、盆栽を愛《め》でる父に丹精のコツを聞くと、「来年、再来年の姿を心に描くのや」と禅問答のような答えが返ってきた。私には盆栽は無理だなあと思っていると、「あのなあ、人も一緒やで。十年、二十年と先々の姿を楽しみながら、一緒に育つ努力をしたらよい」と、私の心を見透かすように父は言った。

ケヤキの盆栽と、その向こうの父の姿を懐かしく思い出していると、「お父さんの鉢、お持ち帰りになりますか?」とのHさんの申し出に、われに返った。「とんでもないです。ここで大切に育ててもらうほうが、盆栽も父も喜びます」と答えると、Hさんは「それでは、お父さんに会いたくなったら、いつでもいらっしゃい」とほほ笑んだ。

父は亡くなる直前、かわいがっていた植木たちを次々とご近所の同好の方に差し上げた。いま思えば、自身の体のことも分かっていたのだろうか。亡き後の植木のことにも心を配っていたように思える。

そんなことがあってしばらくしてから、父の五年祭を勤めた。Hさんの庭でのひと時は、年祭を前に父と語らうことができた、静かで不思議な出来事だった。

その後、私は教会の片隅に積み重ねてあったプランターを引っ張り出して、子供たちと花の種や球根を植えた。娘はニンジンやナスなどの野菜作りにもチャレンジした。その甲斐《かい》あって、ヒマワリやアサガオ、ユリなどが教会の周りを夏色に染め、ままごとのような夏野菜が食卓をにぎわせた。

子供たちは率先して、楽しみながら朝夕の水やりに取り組んでいる。ある日の夕方、水やりをしていた正夫《まさお》が花に向かって、「きょうも一日ありがとう」とつぶやいた。その顔をのぞき込むと、「おじいちゃんは、いつも話しかけながら水をあげていたんだよ」と正夫が言った。

まさに先々の成長を楽しんでいた父の思いがそこにあった。父が育てていたのは植物だけではなかったことに、あらためて気づかされた。

新しい教会家族

教会の朝は早い。妻と共に起床すると、私は白衣（掃除着）を着て神殿に向かい、妻は台所で朝食の準備をする。やがて教会在住者が起きだし、日参の方が参拝に訪れ、共に神殿掃除や教会外周りのゴミ拾いなどに取りかかる。

おつとめ直前になると一同が参拝場に揃《そろ》い、熱いお茶を頂く。そのころになると、里子たちが寝ぼけ眼《まなこ》をこすったり、あわてて洋服のボタンを留めたりしながら登場し、朝一番の笑いを誘う。

毎朝決まった光景だが、こうして教会の一日が始まる。私はお茶をすすりながら、一人ひとりの顔を見て、心の様子をうかがう。とても大切な朝のひと時でもある。

この朝の神殿掃除に、今年の五月から新たな教会家族が増えた。私たち夫婦の一人娘が長い間お付き合いをしていた彼「元《げん》ちゃん」が、娘と結婚し、教会の後継者として来てくれたのだ。

元ちゃんは背が高く、精悍《せいかん》な面立ちで、頭の回転も速いし、何しろ優しい。ピーマンが苦手というが、そんなところが教会の子供たちにもウケる。小柄で姿勢も悪く、頭の内外ともに薄くなってきた私とは大違い、一躍、教会の人気者だ。

その元ちゃんと娘が白衣に身を包み、神殿掃除をしている姿を毎朝見ながら、もったいなさで胸がいっぱいになる。

私どもの教会生活は、終業時間などの区切りもなく、教会家族の人数もころころと変わる。食事時でも深夜でも電話が入り、それが緊急を要する場合は、どこへでも車を走らせる。その方をお連れして教会で寝食を共にしてもらい、体や心の回復を図る場合もある。また、里親などの関係機関から、緊急保護として子供を受託することもある。私たちは、それら一切を「おたすけ」と呼ぶ。

教会は一見すると、なんて落ち着かない所かと思われがちだが、私はその時々、教会につながるすべての人に、肉眼では見えないつながりを感じている。その糸は、たすける側とたすけられる側をつないでいるのではなく、みんながたすけ合うためにつながり合っていることにも気づく。だから、つながり合うすべての人の存在がとても尊い。私自身、わんぱく坊主や生意気盛りの里子たちに、どれほど心や体を鍛えてもらっているか計り知れない。

私たち夫婦は里親のほかにも、行政の子育て支援の活動も続けており、たびたび教会で赤ちゃんをお預かりしている。このたび娘夫婦も、その支援に取り組みたいと申請した。なんと嬉《うれ》しいことかと思う。保育士をしていた娘と、子供が大好きな元ちゃんには、うってつけのおたすけになるだろう。

妻と連れ添って三十余年になるが、おたすけに奔走しているときほど仲が良いように感じる。人のたすかりと幸せを願うのだから、当然、二人の心が一つになっていなければならない。

社会に視線を向けた若い二人が、おたすけに身を投じながら、末永く仲良く幸せであってほしいと心から願う。

二人の結婚披露宴で、元ちゃんがこれまでお育てくださったご両親にしたためた手紙を朗読した。お礼の言葉の後、「お父さんのような人になりたい。お母さんが作ってくれたような家庭を築きたい」と頰《ほお》に涙を伝わせた。元ちゃんの実家も教会だ。人の心を育て、幸せへと導かれるご両親のもとでこそ培われた、その言葉と心に私は胸を熱くした。

「おはようございます」と毎朝、元気に神殿掃除に取りかかる元ちゃんの後ろで、結婚式当日、寡黙《かもく》なまでに静かで温かいまなざしを向けてくださっていたお父さん、終始ハンカチで目頭を押さえていたお母さんが見守ってくださっていることを、私は決して忘れない。

病気は神様からの手紙

今年の春先、娘夫婦に男の子が誕生した。ところが産後の体調が思わしくなく、赤ちゃんの笑顔や泣き声に嬉《うれ》しさを感じながらも、娘の容体を心配する日が続いていた。

産後四カ月を迎えるころ、娘の不調はピークに達し、都心の大きな病院で、しばらく入院することになった。

私は、時間を見つけては娘を見舞ったが、折しも梅雨の季節で、毎日降り続く雨が都心の高層ビルを濡《ぬ》らしていた。娘夫婦には精いっぱいの笑顔で接したが、病室から見えるモノトーンの都会の景色は、否応《いやおう》なく私の心を重くした。

教会では、娘を心配する教会家族と共に、朝夕、神様にお願いを続けていた。そんなある日のこと、台所で流し台の前に立つ妻の背中が震えている。どうしたのかと声をかけると、「これを見て」とビニール袋を私に差し出した。その袋は、娘が病院で搾乳《さくにゅう》した母乳を入れたパックで、表面には搾乳日時と量を書いたシールが貼《は》ってある。そして、シールの枠外に小さく「いっぱい飲んで、大きくなーれ」と、娘の字があった。

妻は毎日、娘婿《むこ》からその母乳を受け取り、孫を抱いてお乳を与え、メッセージを語りかけているという。そして、目を潤ませながら「毎日これを読むと、どうしても涙が出てきちゃうの」と言って、一冊の小さなノートを私に手渡した。なんとそのノートには、母乳パックからはがしたシールがすべて貼ってあった。

「おうちに帰ったらいっぱい遊ぼうね」「おりこうに待っていてくれて、ありがとう」「今日はほんの少しだけど、お母ちゃんの味だよ」と、娘から赤ちゃんへのメッセージの数々だった。

病院でわが子を思いながらの搾乳と、一行のメッセージに込めた娘の心情を察し、胸に込み上げるものを感じた。妻は「これは捨てられなくて……」と、小さなシールを両手で包んだ。

娘の母乳とメッセージ、それを娘と孫の宝物として大切に綴《と》じる妻の姿に、梅雨空が吹き飛ぶような温かい母親の心を感じた。

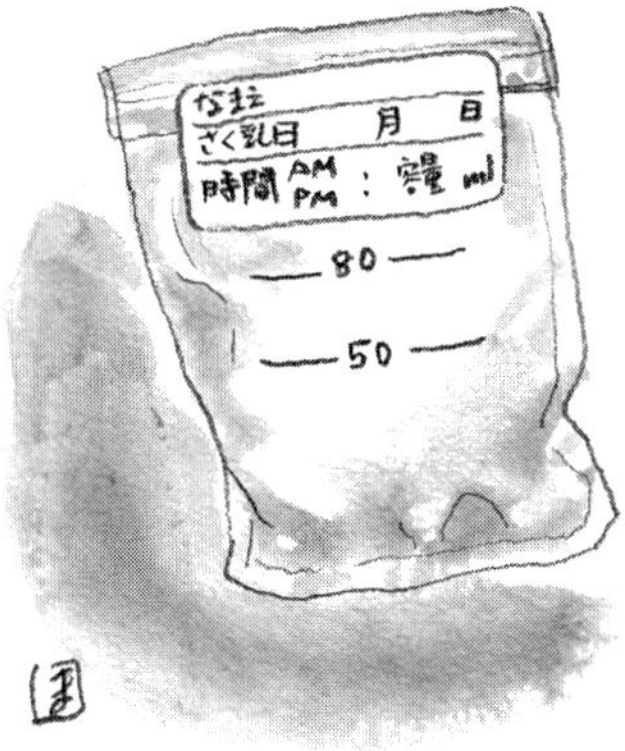
なまえ
さく乳日 月 日
時間 AM PM : 容量 ml
80
50

人は、病気の苦しみや事情の悩みと無縁ではいられない。私は日ごろから、出会う人や教会を訪れる人に、病気や事情は〝神様からの手紙〟であることを話し、その手紙には三つのことが書いてあると伝えている。

一つ目は、少し立ち止まり、それまでの生き方を振り返ってみませんかということ。二つ目は、身の回りにある嬉しいこと、ありがたいことに、一つでも多く気づいてみましょうということ。三つ目は、これからどんな生き方をしたらいいのかを考えてみましょうということ。

病気や事情は神様からの手紙だから、忌《い》み嫌うものでなく、恥ずべきことでもなく、隠すことでもない。むしろ、せっかく頂戴《ちょうだい》した手紙だから、一人でも多くの人たちと共に、ゆっくり読んだらいい。いつの日か、あの病気や事情があって良かったと思える日がきっと来る。そう思えた時が、神様からの手紙を読み終えた日ではないかとも思う。娘夫婦と共に私も妻も、神様からの手紙をじっくり読む、ありがたい日々を過ごすことができた。

初夏、娘は大勢の人々の祈りのなかで、体調も少しずつ上向きになり、退院する日を迎えた。そして、神様にお礼を申し上げたいと言い、赤ちゃんを連れて夫婦でおぢば（奈良県天理市にある人間創造の元の場所）へ帰った。

「こんな嬉しいおぢば帰りは初めて」と、娘は感激でハンカチが手放せない参拝になった。そして「お父さん、心配かけてごめんね。でも私、病気になって良かった。いつか同じような患いを持つ人たちのお役に立てるようになりたい」とほほ笑んだ。娘は、私よりも早く手紙を読み終えたように見えた。

人生の岐路と神様のお計らい

昨年の春まだ遠い日、あるご婦人が教会へ参拝に来られた。娘さんの大学受験に付き添って上京し、娘さんはいま試験の真っ最中。せめてその時間に神様にお願いをと、さまざまな方法を使って教会を探しながらの来訪だった。

娘を思えばこその親心と、居ても立ってもいられない気持ちを察し、ちょうど参拝に来ていた方々や教会家族を呼び寄せ、共にお願いのおつとめをさせていただいた。ご婦人は、そのおつとめをとても喜ばれた。

春を迎えたある日、ご婦人から電話があった。「娘は東京の大学には入れなかったのです」と。私が応《こた》える言葉を探していると、「でも、その後に不思議なことがあったのですよ」と話を続けられた。

「教会の皆さんがお願いのおつとめをしてくださったのに、なぜ東京の大学に入れなかったのかと、当初は少し落胆もしました。でも、地元の大学に合格し、入学時に健康診断を受けたところ、娘がある病気を持っていることが分かったのです。今後、その治療をしていくことになりました。家から通える大学と病院なので、私も世話をすることができます。もし東京へ行っていたらと思うと……。神様のお計らいに、お礼を申し上げています」

受話器から聞こえるご婦人の明るい元気な声を聞きながら、起きてくる出来事の中に喜びを見つけられたことに尊さを感じ、娘さんの平癒を願って心で手を合わせた。

さかのぼること数十年前、私もある大きな目標を持って猛勉強していた時期があった。

目指す学校の受験を目前に控えたある日、病床の父が私を呼んだ。なんと父は、いま心に描いている夢を諦《あきら》めることができないかと聞いた。唖然《あぜん》とする私に、一刻も早く教会を後継するための道を進むようにと、自分の思いを語った。

父は生来病弱で、それまでに幾度も死線を越えながらの人生でもあった。自らの命に対する覚悟をもっての言葉であったのだろうが、当時、全速力で夢に向かっていた私にとっては、全身から力が抜け、闇《やみ》の中に突き落とされるような気持ちになった。しばらく抜け殻のような日々を過ごしながらも、病に伏せる父の姿と呻吟《しんぎん》しながらの言葉には逆らえず、その思いに従う心を決めた。

それから長い時を経て、いま、あの時の岐路に思いを馳《は》せる。もし自分の思うままの道を進んでいたら、どのような人生を歩んでいたのだろうかと。想像することさえ難しいが、妻との出会いや、教会家族に囲まれての賑《にぎ》やかな生活、父の一途《いちず》な信仰にふれることはなかったであろう。あらためて、このうえない幸せを感じる。

岐路に立ち、逡巡《しゅんじゅん》していたときには分かるはずもない、神様のお導きの世界なのだと、つくづく思う。

何が起ころうと脇目も振らず、ひたむきに目標に挑み続けるアスリートや研究者、芸術家や職人といった人たちを見ると、なんとたくましい心を持った人々であり、素晴らしい人生だろうかと思う。その努力に敬服するばかりだ。

また半面、目標に向かいながらも、その時々の岐路に立ち、夢とは別の道に

ONE'S GUIDE
MY DREAM

進んでいく人生もある。時に悔しさや挫折《ざせつ》感を味わう場合もあるが、そのときは思いっきり泣いたらいい。少し涙が乾いたら、その巡り合わせに神様の思いを求めてみたらよいのではないかと思う。

精いっぱい努力を積み重ねた後の進路は、きっと思いもよらぬ新しい人生が待ち受けているに違いない。だから、目標とは違う選択の道も尊く、人生は果てしなく素晴らしく、ありがたい。

「この道は、先永《なご》う楽しんで通る道や程《ほど》に」と、おやさまは仰せられた。私の大好きな、夢たっぷりのお言葉だ。

老先生の思い出

数カ月前のある朝、妻がいつになく、神妙な口調で「ちょっとお願いがあるの……」と私を見つめた。改まった様子に向き合うと、「今日は予定表に何も書いてない日よね。実は○○クリニックに検診の予約をしておいたの。どうしても行ってほしいんです」と言った。

予定表には書かない用事もたくさんあるのだが、もう予約をしてしまっていることと、心配してくれる妻の思いを汲《く》んで病院へ向かうことにした。毎年、検診の案内が送付されてくるものの、忙しさと、裏づけのない自信を理由に、私はこれまで行ったことがなかった。

検診を終えて一週間後、結果を聞きに行くと、ある病気の心配があるので大きな病院で診てもらうようにと告げられ、紹介状を手渡された。

少し不安を感じながら精密検査の日を迎えた。検査中、体内にポリープが発見され、その場で内視鏡手術が施された。カメラが映し出す臓器の内部とポリープ切除シーンは、とても神秘的だった。担当医は「ポリープの発見と切除ができたことを、まずは奥さんに感謝ですね」と優しく言った。切除したものが何ものであるか分かるには、さらに三週間を要し、それまでは飲食に気をつけるようにとの注意があった。

若いころ、大教会で青年づとめ（修養生活）をしていたときのこと。ある日、老齢の先生が、トイレで用を済まされた後、便器の前で「ありがとうございま

感謝

した」と手を合わせておられた。不思議そうに眺める私に、「排泄《はいせつ》は、わしがしているようやが、神様の不思議なお働きあってのことや。一回一回がありがたい。おまえも年を重ねたら、きっと分かる日が来る」と、老先生は静かに語られた。

ポリープ切除後に悶々《もんもん》とした日を過ごしながらも、若き日に老先生から聞いた言葉が脳裏に浮かび、いまさらながら心に染みた。老先生の姿を思い出しながら、排泄後に手を合わせてみると、心が落ち着いた。

妻は、柔らかい食事を調《ととの》え、つい不安な顔をしてしまう私を「大丈夫、大丈夫！」と励ましてくれていた。食事時間には子供たちも、私の箸先《はしさき》を心配そうに見つめてくれていた。

結果の出る日、恐る恐る担当医を訪ねると、「良かったですね。心配いりません」と笑みを浮かべた。そして問診票を見ながら、睡眠時間を増やすことや、野菜を多めに摂《と》ることなど、もう少し体をいたわるようにと助言があった。

毎夜、もう少しと思いながら、たまった事務仕事に夜更かしを重ねていた。また、食べ物に好き嫌いはないものの、知らぬ間に偏食していた。「無理をすれば必ず体に出ますよ」との担当医の言葉とともに、老先生の思い出は、日々を乱雑に過ごしてしまう私に、とてもありがたいものであった。

摂取も消化も排泄も、また起床も睡眠も、思うままにしているようだが、それは錯覚だ。すべては神様から大きなお働きを頂戴《ちょうだい》してこそのこと。担当医が指さすパソコン画面に映る体内の映像に、神様の世界を垣間《かいま》見る気持ちになった。

病院から帰り「ただいま」とほほ笑むと、玄関で出迎えてくれた妻が「良かった」とつぶやき、娘の瞳《ひとみ》が安堵《あんど》に潤んだ。皆がどれほど心配してくれていたことかと感謝した。

その日の夕食時、中三の正夫が「お母さんは命の恩人だね」と言うと、小三の将太が「命の恩人をもう少し大切にしたほうがいいよ」と言い、家族中が笑った。食事が終わると、正夫が私の後ろに立ち、長い間肩を揉《も》んでくれた。春まだ遠く北風が冷たい夜、家族の温かさが心底嬉《うれ》しかった。

おじいちゃんのシャクヤク

一気に夏到来かと思うような春の朝、教会の玄関先でシャクヤクの花が咲いた。たった一輪だが、深い紅色が重々しく、凛《りん》と胸を張っているかのようだった。

この木は亡き父が大切にしていた植木だが、残っている数鉢の植物とともに、貴重な形見となっている。

父が世話をしていたころは、毎年いくつかの大輪の花が咲き、町の人々を楽しませていた。植木の知識も技術もない私には、なかなかその丹精ができず、父亡き後は今日まで開花を見ることがなかった。一輪の花は町内の人々を呼び、「おじいちゃんを思い出すね」と、皆が喜んでくれた。

私が若いころの出来事。教会の用事を終えて遠方から帰宅した深夜、父が「ごくろうさま」と言って、グラスにお酒を注《つ》いでくれたことがあった。私が訪問先の報告をすると、その後は互いに何も話さず、しばし沈黙の時が流れた。植木の世話は器用でまめな父だったが、生意気な息子の扱いはどこか不器用で、それに輪をかけてぎごちない私は、いつも親に余計な神経を使わせてしまっていた。共に居づらい空間の中で、父はひと言「疲れているだろう。今日はゆっくり休んだらいい」と、ねぎらいの言葉をかけて床に就いた。

翌朝、私はその言葉を真に受けて寝坊をした。起床後、朝のあいさつをしに行くと、外で植木の水やりをしていた父は「この世は、月日（月と太陽）に守られ、地球は軸に逆らうことなく回転している。すべての命は、天然自然の大きな働きのなかで育《はぐく》まれている。この花たちも、こうして朝になれば、きれいな花を咲かせてくれる。朝寝坊の花はない。教会の軸は、朝と夕のおつとめや。軸を狂わすとすべてが狂う。朝寝坊はいかん」と、私をたしなめた。

言い訳をしようかとも思ったが、それができそうな隙《すき》は寸分もなく、私は父に詫《わ》びた。そして、「ゆっくり休む」ことを「朝寝を許された」と、都合よく解釈した浅はかさを反省した。

シャクヤクの大輪に父の言葉を思い出していると、この春、高校へ進学した正夫が制服姿で玄関に現れた。私と妻に「行ってきます」と言ったとき、妻が

「おじいちゃんが大切にしていた花が咲いたよ。正夫に、おめでとうって言っているみたいだね」と言った。

三歳だった正夫を里子として受託してから、はや十二年。その半分は、父がおじいちゃんとして正夫を膝《ひざ》に抱き、散歩や公園での遊びに付き合ってくれていた。正夫にとって父は、かけがえのないおじいちゃんだった。今日咲いたシャクヤクと同じように、凜々《りり》しく育った正夫の姿を見たら、どんなに喜ぶだろうかと、私は父の笑顔を思い浮かべた。

正夫は花に向かって「行ってきまーす」と言い、元気に出かけていった。

その日の夕方、学校から帰った正夫が玄関に立ち、シャクヤクを眺めていた。あとから玄関に着いた私が「どうかしたの？」と聞くと、「ううん、何でもない。こんなにじっとこの花を見たのは初めてだよ」と言った。私が声をかける前にどれくらいの時間があったのか、正夫が何を思っていたのかは分からない。一輪の花と、それをしみじみ見つめていた正夫の姿は、遠き日、楽しそうに植木の水やりをしていた父の姿に重なった。

シャクヤクが今年、突然咲いたことを思うと、妻の言葉の通り、父の思いが花となって、正夫にお祝いと励ましを伝えてくれたのかもしれない。

大輪は春の風を受け、心地よさそうに揺れながら正夫を見上げ、「立派になったなあ。じいちゃんが応援しているぞ」とほほ笑んでいるように見えた。

異国に届いた父からの手紙

先日、押し入れの中を片づけていると、奥から古びた紙箱が出てきた。私は結婚後間もなく、妻とともにブラジルへ渡り、現地の子供たちに日本語や音楽、図工などを教えていた。押し入れから出てきた箱の中身は、滞在中に日本のさまざまな方から送られた手紙だった。

遠い異国の地では、言葉や思いが通じない心細さや、文化の違いからくる戸惑いも十分に味わった。そんなときに日本から届いた応援や励ましの言葉を、帰国する際に処分することができず、現地の箱に詰めて持ち帰ったのだ。

あれから、その箱は一度も開けられることなく、三十余年が経《た》った。ふたを開ければ一通一通がとても懐かしく、瞬時に当時がよみがえってきた。そして、そのなかでも特に多い手紙が、いまは亡き父から届いたものだ。

当時は携帯電話もインターネットもない時代。海外への電話代も高額で、一般的な通信手段は手紙だった。

父の手紙はどれも、薄い航空便箋《びんせん》に文字の乱れもなく、旧字・旧仮名遣い交じりの文字で、ぎっしり埋め尽くされている。季節の移り変わり、家族や教会につながる人たちの様子、当時日本で流行《はや》った歌や時事ニュースなどもあり、どれもこれも懐かしい。また、私たち夫婦が直面した問題に対する父の思いなども書いてあり、私はすっかり手紙に引き込まれてしまった。

そのいずれもが、父親から息子へしたためられたものとは思えないほど几帳《きちょう》面《めん》な文章で、当時、この手紙を読んだ妻が、その丁寧《ていねい》さに感嘆したことも思い出した。

「先日は御便《おたよ》り有難《ありがと》う御座いました。大変嬉《うれ》しく讀《よ》ませて貰《もら》いました。ブラジルには暑いお正月が来ますね。感慨無量のことでせう。（略）学校の上にも生活の上にも何かと苦労の有る事と思いますが、今努めている事は十年二十年先の樂《たの》しみです。何卒《なにとぞ》どんな中もたんのうして御通り下さい。（略）先日○○さんから大根を沢山《たくさん》頂きましたので、お母さんが漬物にしてくれました。貴方達《あなた》にも食べさせて上げたいとつくづく思いますが、何とも仕様が有りません。その代わりに庭の南天の葉を入れておきます。紅葉《もみじ》の葉はすっかり色が褪《あ》せましたが、日本の初冬を味わって下さい。（略）何卒二人心を揃《そろ》えて、急がず焦らず誠の心を持ち、現地の方々と心を結び、子供達の育成にお励み下さい。では、夜も更けて来ましたので、之《これ》で筆を擱《お》きます。元気で頑張って下さい」

押し入れの片づけをする手は、すっかり止まり、次々に手紙を読みだした。そして、私は思った。「父は手紙に何を託したのだろうか」と。帰国したときに困らぬように、細かく知らせてくれたのだろうか。否、どの手紙からも感じ取ることができるもの。それは人や、人とのつながりを大切にしてほしいという思いではないかと……。

滞在中は父の深い思いを感じることもなく、文字を追っただけの私だったが、この手紙を書いていた父の年齢を超えたいまの私には、父の思いが心に染み込んでくる。

父の崩れのない実直さや不器用さ、また、いつも控えめな姿勢に、窮屈で息が詰まるような思いを持ったことも正直あった。だが、父には鋼《はがね》のごとく強い信仰と、人を思う温かい心があったことを、古い手紙の山がたっぷり知らせてくれた。

九年前、私は病床の父に向き合い、止まらぬ涙を拭《ぬぐ》いながら、今日までのお礼を言った。父は、にこやかに私を見つめてひと言「結構な人生だった。後をよろしく頼む」と言い、ベッドから手を出し握手をした。翌日、父は息を引き取った。

深夜、手紙を読み返すと、父の細い手に潜む力強さと、温かさが心によみがえった。

家族のハーモニー③

つながり合って

人生のスポットライト

毎年、天理で開催される「こどもおぢばがえり」は、子供たちの心をさまざまな形で成長させてくれる。

私が、こどもおぢばがえりの引率を務めていたグループの中に、みどりちゃんという少女がいた。彼女は小学四年生のときに父親を亡くし、中学三年生のときに母親が重い病気になった。彼女は健気《けなげ》に看病の日々を過ごすが、その心を受けとめてお母さんは亡くなった。それは、彼女が高校一年生のこどもおぢばがえりを目前に控えた初夏の出来事だった。

このグループでは高校生になると引率スタッフに加わり、子供たちの世話をしてもらう。彼女も早くその役がしたいと言っていた。七月初めにお母さんの葬儀を終えたばかりの彼女から、「スタッフとして参加します」という連絡をもらった。私はその心中を察し、胸にうずきを感じながらも、彼女の参加を了承した。

しかし、幼いころからお母さんと一緒に参加していたこともおぢばがえりは、みどりちゃんに容赦《ようしゃ》なく母親を思い出させた。子供たちの手を引きながら、彼女の目には自然と涙があふれ、食事をしながらも母との思い出に嗚咽《おえつ》をもらし、まさに涙、涙の引率になった。

もはや投げかける言葉など何もない。せめて、少しでも一緒にいてあげたいと、その夜、私はみどりちゃんを教会本部の神殿へと誘《いざな》った。礼拝場に額《ぬか》ずき参拝していても、長い回廊を歩いていても、私の隣でみどりちゃんは肩を震わせていた。

やがて帰路に就こうと、神殿の階段を下りかけたとき、私は目の前の光景に心を奪われ、「わー、すごいなあ！」と声を上げた。それは、先ほどまで行われていた行事「おやさとパレード」の後片づけだった。パレード中は、色鮮やかなイルミネーションに飾られたフロート、鼓笛隊、ブラスバンドなどが、華やかなライトと大勢の子供たちの歓声に包まれる。

ところが目の前の光景は、照明もないなか、誘導灯の赤い光を頼りに、電気を落としたフロートが次々と戻ってくるところだった。先ほどまでのパレードとは対照的に、暗闇《くらやみ》のなかで黙々と作業が行われていたのだ。

「明るく楽しい行事の裏では、こんなに暗い所で、明日に備える静かな準備の時間があったんだね」と、私はみどりちゃんに言った。彼女は目を真っ赤にはらし、ハンカチで口元を押さえながらコクリとうなずいた。

「きっと人も、華やかなときもあれば、その日を迎えるために支度《したく》をする時期もあるのだろう。みどりちゃんもいつか、スポットライトを浴びる日が来るよ、きっと来るよ」と話しかけると、みどりちゃんは、また「うん」とうなずいた。しばらく二人でその光景を見つめていたが、やがて彼女の涙と嗚咽が止まった。

翌年のこどもおぢばがえりから、みどりちゃんは手作りの紙芝居や指人形を用意して、子供たちを楽しませてくれた。

あの涙の日から数年経《た》った昨年の暮れ、みどりちゃんが訪ねてきてくれた。彼女は、はにかみながら「私、結婚します」と。「そうか、よかったね、おめでとう！」と言うのが精いっぱい。私は涙でぐしょぐしょになりながら彼女の肩を抱いた。みどりちゃんは「あの日のスポットライトのお話、ずっとずっと大切にしてきました。ありがとうございました」と言った。

彼女は静かに地道に礎《いしずえ》を築く日々を過ごし、今年五月、スポットライトを浴びる日を迎えた。愛する彼と共に、新しい家庭をつくる大切な時を紡《つむ》いでいくことだろう。

いちばあちゃん

私どもの教会に、小さな子供たちから「いちばあちゃん」と慕われ、若い人や同年配からもとても親しまれている、市川《いちかわ》さんというご婦人がいる。

市川さんは料理が得意で、冷蔵庫に残っている具材にちょこちょこっと手を加えただけで、おいしいおかずをこしらえる。

先日、教会で市川さんのご主人の五十年祭を勤めた。ご主人は「徳《とく》ちゃん」と呼ばれ、江戸っ子気質《かたぎ》の腕利《うでき》きの建具《たてぐ》職人。五十年前、三十代という若さで亡くなった。市川さんがまだ二十代のことだった。

年祭当日には、親戚《しんせき》をはじめ、当時から家族と親交のあった町内の人たち、職人仲間が大勢来られた。式後、市川さんは参列の皆さんにあいさつをした。

「あっという間の五十年でしたが、私はいま、とても幸せです。神様のおかげです。そして皆さまのおかげです」

この五十年間、市川さんは女手一つで、当時まだ乳飲み子だった二人の子供を立派に育て上げ、年老いたお姑《しゅうとめ》さんの世話をし、また近年では、自身の大病や怪我《けが》もあったが、それらをすべて乗り越えての今日である。

市川さんは以前、当時を振り返り、悲しさのなかにも、これからどうして子供や親を食べさせていこうかと無我夢中だったこと、子供たちの寝顔を見ながら何日も何日も泣いたこと、そして、そんな切ないときに「子供たちの父親代わりをさせてもらうよ」と言った、私の父の言葉を頼りに教会へ通ったことなど話してくれた。今日までの苦労は想像を絶するものだったと思うが、この日、市川さんの口からは、そんな泣き言や愚痴《ぐち》はひと言もなく、明るく元気にあいさつをされたのだった。

その後、参拝してくださった人たちと食事を共にした。徳ちゃんを知る皆さんがマイクを回しながら、その思い出を次々と話してくださった。亡くなって五十年も経《た》つわけだから、当然、語る人たちも高齢だ。皆が懐かしく当時を振り返り、涙あり笑いありで、私はまるで徳ちゃんがそばにいるような錯覚さえ覚えた。

市川さんは義母を看取《みと》った後、東京は下町の長年住み慣れた町から郊外へと引っ越した。しかし時折、それまで住んでいた町に出向き、付き合いのあった人たちを訪ねている。半世紀を経ても思い出を語ってもらえるご主人の人となりに加え、その人たちと大切につながり合ってきた市川さんの生き方に頭が下がる。

次から次へと途切れない話に、市川さんはにこやかに耳を傾けていた。家族関係が壊れゆく現代の風潮のなかで、神様にお礼を申しつつ、家族や親戚、隣人、そして亡夫との思い出を大切にしておられる姿に、私は拍手を重ねた。

教会の玄関で参列者を見送ると、市川さんは私に「会長さん、ありがとうございました」と深々と頭を下げられた。「五十年間お疲れさまでした」と、今度は私が市川さんに頭を下げた。そのとき、この日初めて、市川さんの目に光るものがあった。

その直後、市川さんは、いつもの真っ白な割烹着姿《かっぽうぎ》になり、台所に立っていた。この日お供えした魚や野菜を使って、夕食の準備に取りかかっておられた。よそ行きの市川さんから、いつもの市川さんに戻ったその周りを、教会の子供たちが囲んでいる。軽快なまな板の音と、「いちばあちゃん」と呼ぶ子供たちの声が、いつものように教会に響いていた。

羽ばたく鶴

過日の昼下がり、都内で電車に乗ったときのこと。三歳くらいの男の子が握り拳《こぶし》をつくり、お母さんの足を叩《たた》きながら大声で泣き叫んでいた。そんなに多くはない乗客だが、視線が親子に集中している。なすすべもなく、ほほ笑んでいる婦人もいれば、苦虫を嚙《か》みつぶしたような顔つきの男性もいる。母親は、そんな視線を感じてのことだろう、子供に「やめて、お願い」と繰り返すばかりだ。その背中には赤ちゃんもいた。

幼児の様子は一向に収まる気配がなく、ついに電車の床に仰向けになり、手足をばたつかせた。

私は、かばんの中から手帳を取り出し、一枚をちぎって寝転ぶ男の子の前へ行き、腰をかがめた。

「さあ、何ができるかな？　見ててね」。男の子の顔の前で折り紙に取りかかった。先ほどまで幼児と母親に向けられていた視線が、一斉に私の背中と指先に向けられたことを感じた。男の子は突然現れたおじさんと、目の前で繰り広げられる光景に驚いたのか、いつしか泣きやみ、座って私の手元を見つめていた。

大急ぎで完成させた折り紙は「羽ばたく鶴《つる》」で、鶴の首元をつまんで尾を引くと羽が上下に動く。若いころに習ったものだ。

私は「パタパタ」と言いながら羽を動かして男の子に差し出し、受け取ったその小さな手を取って動かし方を教えると、男の子は「ママ、パタパタッ」と言いながら母親へ見せに行った。すっかり機嫌もよくなった。

男の子を挟《はさ》んで座席に戻ると、母親は「すみません、ありがとうございます」と言って頭を下げた。私は「大丈夫ですよ。あなたも私も、この電車に乗っている人もみんな、この子のような時があったんです。どの親もきっと、いまのあなたのような思いをしながら、私たちを育ててくれたのでしょうね。親って、ありがたいですね」と小声で話すと、母親は小さく「はい」とうなずき、目頭を押さえた。

それから三つほど先の駅で、親子が電車から降りた。ホームに立った母親は、男の子と手をつないで私のほうへ向き直り、二人で手を振って見送ってくれた。

母子ともに笑顔が戻っていた。

なんだか娘と孫に見送られているような幸せを感じながら、私も座席を立って手を振った。心のなかで「子育て頑張って」と言い、親子の幸せを祈った。

おやさまは、子供たちをとても大切にされた。おそばにある果物や日用品などを用いながら、心づかいや生き方を優しく丁寧《ていねい》に教えられた。そのご逸話を記した本（『稿本天理教教祖伝逸話篇』）を拝読するたびに、私の心は温かくなる。そして、新たな感動が湧《わ》き上がってくる。おやさまの世界にあこがれ、少しでも近づきたいと、いつも思う。

やがて目的の駅に着き、電車から降りると、一緒に降りた見知らぬご婦人がホームに佇《たたず》んで、にこやかに会釈をされた。

電車内でも街中でも、その時々に人は集団の中に身を置くが、多くの人は個人の世界に生きているように思う。車内の親子と駅の婦人の姿に、たとえわずかな時間でも、人とつながり合うこと、気持ちが分かり合えることの嬉《うれ》しさが心に満ちた。

大勢の視線を浴び、背中を伝う汗を感じながらの折り紙だったが、その後で、人と関わるほのぼのとした温《ぬく》もりを味わった。

花を育てる女子高生

天理駅の改札を出ると、真正面に銀色に輝く大甍《いらか》が見える。

そこは天理教教会本部の神殿で、その中央に親神様《おやがみさま》が人間をお創《つく》りくだされた地点「ぢば」がある。人類の故郷《ふるさと》へ帰るという意味から、ここへ参拝に行くことを「おぢば帰り」と言う。その雄大な姿を目にすると、子供（人間）の帰りを待ちわび、両腕を大きく広げて迎えてくれる「親」を思う。

私は毎月おぢばへ帰り、この光景の前で「ただいま帰りました」と頭《こうべ》を垂れる。神殿へ伸びる参道に目を向けると、四季折々の花が咲き誇り、親元に帰った喜びをさらに湧《わ》き立たせてくれる。

あるおぢば帰りの折、参道を歩いていると、高校生くらいの女の子が、長いホースを操りながら花に水をやっていた。ところが、ホースから出る水は、花壇に向けられず、道路のアスファルトを濡《ぬ》らしている。不思議に思って近づくと、「ここにもかわいい花が咲いているんです」と指さして教えてくれた。見れば、アスファルトとU字溝の小さな隙間《すきま》に、白い可憐《かれん》な花が数輪咲いていた。彼女の優しさがとても嬉《うれ》しくて、「ごくろうさま」と言うと、はにかみながらも、さわやかな笑顔を返してくれた。

彼女は天理高校第二部（定時制）で学ぶ女子高校生。昼間は同校の農事部花《か》卉《き》班で花の丹精などをしている。

ま

先日、彼女たちが花を育てているビニールハウスを訪ねる機会を得た。

心地よい風が通り抜けるハウスの中で、ひときわ華やいだ空間に彼女たちの輪があった。種植えして数カ月が経《た》った松葉ボタンの小さな芽を、一つひとつ丁寧《ていねい》に鉢上げしていた。

「いつもきれいな花をありがとう」と私がお礼を言うと、「ありがとうございます。この子たちも、そのうちきれいな花を咲かせますよ」と応《こた》えてくれた。

「えっ、この子たち？」と聞くと、「ここで花を育てていると、自分の子供のように思えてくるんです」と言う。そして、「この子たちに、頑張って咲いてねって、お話しするんですけど、いつも反対に、頑張れ！ って言われちゃうんです」とも話してくれた。

彼女たちは皆、親元を離れて寮生活を送っている。親が恋しくてたまらない年ごろだ。仲間と過ごす楽しさもあるだろうが、親に会いたい寂しさに耐えながら、花を育て花に育てられ、強くたくましく、そして何よりも優しい心を育《はぐく》んでいると思った。

あの日、ほんの小さな隙間に咲いていた白い花に気づいて水をやっていた、その気持ちの元を知った気がした。参道で多くの帰参者を迎える花々の優しさの理由も、少し分かったように思った。

「みんな将来は、すてきなお母さんになるよ、きっと」と私が言うと、ビニールハウスの中に、かわいい笑顔がたくさん咲いた。

おやさまは、おぢばへ帰ってくるすべての人間に対して、「喜ばさずには一人もかえされん」と仰せられ、世界中から帰る私たちをいつも温かく迎えてくださっている。

一輪の花にも、おやさまの思いをしっかり受けとめながら、世話をしている彼女たちの心を感じる。

参拝を終えて帰路に就くとき、両手を広げて迎えてくれた大きな神殿を背にすると、今度はポンと肩を叩《たた》いて励ましてくださっているような心強さを感じる。

沿道に咲く花に彼女たちの笑顔も重なり、おぢば帰りがますます嬉しい。

A君の見事な立ち直り

私は年に一度、A君と一緒に野球場へ出かけ、腹の底から大声を出しながらひいきのチームを応援している。

幼いころのA君は、いがぐり頭の愛らしいわんぱくな子で、いつもちょこちょこと私の周りに、まとわりついていた。高校生になると姿が遠ざかり、卒業後は建設関係の仕事に就いたが、やがてぱったりと音信が途絶えた。

数年後のある日、そのA君から突然、電話が入った。待ち合わせの場所に行くと、薄汚れた服を着てうつむく、元気のないA君がいた。

建設業に携わる男たちのなかで精いっぱい頑張ってきたが、持ち前のやんちゃな質《たち》から、さまざまな事情を抱え込んでいた。八方ふさがりで前途を悲嘆したとき、私を思い出して会いたくなったと言った。

私は彼の状況を聞きながら、人生再出発の方法を共に探した。そして、いつも心配している両親に会って頭を下げることと、おぢばへ帰ることを勧めた。おぢばとは、奈良県天理市にある人間創造の元の地点であり、親神天理王命《おやがみてんりおうのみこと》がお鎮《しず》まりくださるところ。広義では、天理教教会本部神殿および本部施設のある周辺地域を含めて呼ぶ。

A君は、その二つをすぐに実行してくれた。おぢばでは修養科（教会本部で三カ月間、教えを学び、実践しながら、人間の本当の生き方を学ぶところ）に入り、日増しに元気を取り戻していった。

修養科三カ月目のある朝、A君から電話が入り、すすり泣く様子が伝わってきた。「どうしたんだ？」と聞くと、「ありがとう、俺《おれ》、立ち直るから……」とだけ言って電話が切れた。気になった私は早速、A君に面会するため天理市へ向かった。

電話のあった日の早朝、A君は神殿掃除をしていたという。教会本部の長い回廊を拭《ふ》きながら周りを見渡すと、車いすや杖《つえ》を使う人、赤ちゃんをおぶった若い母親、年配の人たちなど、さまざまな人が手に白布を持ち、回廊を拭く姿が目に入った。黙々と力を込めて拭く人もいれば、周りの人と楽しそうに会話をしながら掃除する人もいる。

みんなすごいなあ。なんでこんなに明るく元気なのだろう。でも俺もいま、この人たちと同じように生きている。そう気づいたとき、心の底から嬉《うれ》しさが込み上げ、涙があふれてきた、と話してくれた。私はその言葉を聞きながら、A君の立ち直りを確信した。

A君はその後、見事に再出発を果たした。すてきな彼女とも出会い、結婚へと進み、披露宴では私が司会を務めた。和やかな宴《うたげ》も終わり、新郎新婦退場のクライマックスを迎えたとき、A君は事もあろうに司会席の私にしがみついて号泣した。「ありがとう、俺、絶対頑張るから！」と。私は、私よりはるかに大きなA君の肩を抱いた。

A君は、次々と授かった四人の子供たちと愛する奥さんのために必死になって働き、昨年は自らの力で建設関係の会社を立ち上げた。その会社では、かつてのA君のような、やんちゃな若者たちを雇い、育てる苦労を楽しんでいる。

「あの当時の俺に比べたら、どの子もみんな上出来っすよ」

A君は笑い飛ばす。

春先、A君から恒例のメールが入った。今年、野球観戦に行けそうな試合の候補日が列挙してある。そのなかから一試合を選んでほしいというのだ。「絶対ドタキャンは無しだよ」との添え書きもあった。

「俺、ずっと続けたいんだ。だから元気でいてよ」と昨年、観戦中にA君が言った。照明に浮かぶ球場の芝生が、ひときわまぶしく映えた。

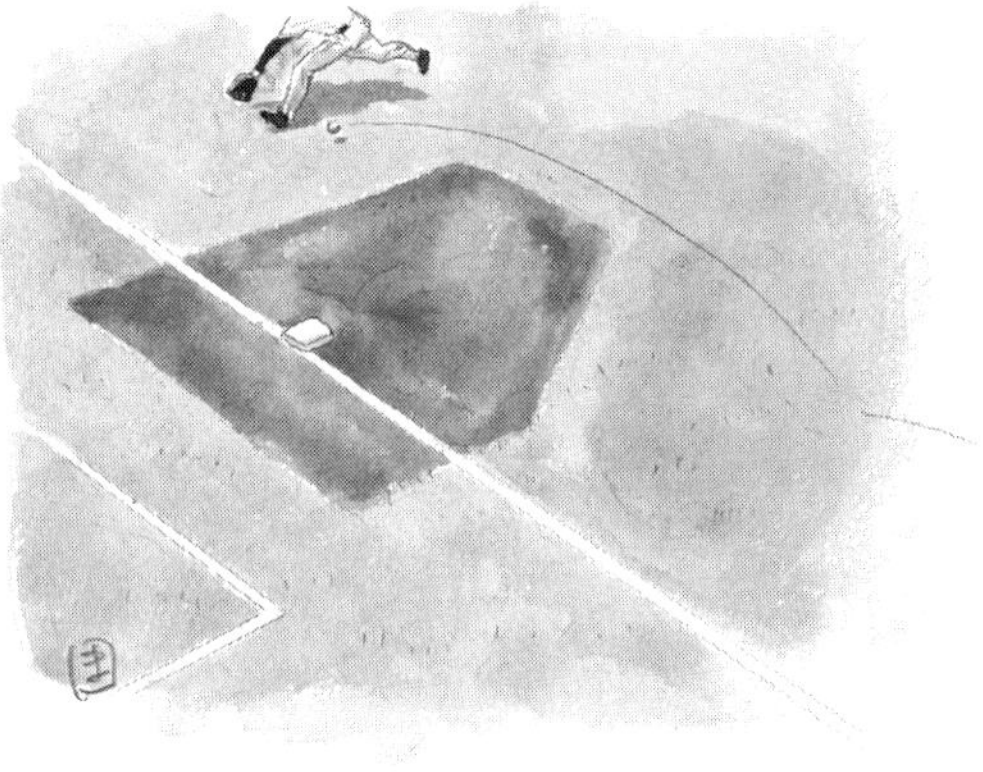

Aちゃんの真夏の感動

「冷たくておいしいお茶をどうぞ！」

「こどもおぢばがえり」の期間中、会場内のあちこちに設置されたお茶テントの中から、少年少女の元気な声が弾んでくる。猛暑の中で喉《のど》を潤す冷たいお茶と、彼らのさわやかな笑顔とかけ声は、何にも代え難《がた》い清涼剤と活力剤だ。

彼らは日本国内をはじめ世界各地からおぢばへ帰ってきた中学生で、こどもおぢばがえりの期間中「少年ひのきしん隊」として過ごす。

おやさまは、「この家へやって来る者に、喜ばさずには一人もかえされん」

と仰せられ、すべての人を温かくお迎えくださっている。私は四季折々の景色の中に佇《たたず》む大きな神殿を目にしただけで、親に抱きかかえられる安心感に包まれ、教祖殿で額《ぬか》ずくたびに、おやさまの温かさにどっぷり浸る。

少年ひのきしん隊は「人のため　つくすよろこび　ひろげよう」というテーマを掲げ、お茶接待のほかにも、神殿で参拝者の靴を揃《そろ》えたり、各会場で小さな子供たちを誘導したりする。生き生きした表情、とびっきりの笑顔、元気な声は、おやさまの思いを受けてのものだ。

Aちゃんは中学生になったころ、思春期による自我の芽生えから親と対立し、心の整理もつかないまま、少し心が荒れていた。

私はそんなAちゃんの元へ通いながら、少年ひのきしん隊への参加を勧めた。何度か通ううちに、生来持ち合わせていた社交的で人見知りをしない性格が表に現れてきて、「私、行きたい！」と参加することになった。

こどもおぢばがえり開催中のある日、Aちゃんの勇姿を見ようとお茶テントを訪ねた。Aちゃんが隊服に身を包み、小さな子供たちにすてきな笑顔を向け、優しい言葉をかけながらお茶を出している姿を見たとき、私は胸に込み上げるものを感じた。感慨に浸っている私をAちゃんは目ざとく見つけ、満面の笑みで「会長さーん」と叫び、両手を振ってくれた。

見違えるような笑顔になったAちゃんの姿に私は安堵《あんど》し、人のために尽くす喜びの大きさと尊さを心から感じた。

こどもおぢばがえりが終わり、教会へ戻ってきたAちゃんは、「会長さん、来年も絶対に行くからね」と言った。Aちゃんは翌年どころか、高校生になっ

てもサブカウンセラーとして参加した。

大人になったAちゃんに、「なんで少年ひのきしん隊にハマったんだろうね?」と聞くと、「あんなにたくさん『ありがとう』を言ったり言われたりするところって、ほかにないと思うよ。それがとっても気持ちいいの。それとね、みんなの気持ちを考えたり、察したりすることが自然にできちゃうんだ」と、嬉《うれ》しい答えを返してくれた。

Aちゃんは数年前に結婚し、いまはすてきなお母さんになっている。そして、人生はまだまだこれからとばかりに、昨年、看護学校を受験し、家事と育児と勉強に明け暮れる日々を送っている。

先日、久しぶりに電話でAちゃんの声を聞いた。「会長さん、めっちゃ大変だけど頑張ってるよ」と、いつも通りの元気な声だった。

「Aちゃんは、きっとすてきな看護師さんになるだろうなあ。ぼくが病気になったら面倒見てくれよ」と冗談交じりに言うと、またまた元気な声で「うん、いいよ！」と返してきた。が、その後しばらく沈黙が続き、「だめ！　会長さんは病気になっちゃだめだよ」と受話器の向こうで叫んだ。

「人のために尽くす喜び」を心に持ったAちゃんのまぶしい看護師姿が、まぶたに浮かんだ。

N君との再会

駅から教会への帰り道、はるか前方から「正夫《まさお》君のお父さーん」と手を振る少年の姿がある。距離が近づくにつれ、正夫の小学校時代の親友N君だと分かった。

里子の正夫は小さいころから友達が多く、学校から帰ると毎日のように大勢の仲間が教会に遊びに来ていた。

正夫がまだ低学年だったころのある日、学校から帰って参拝する正夫の横にN君の姿があった。N君は正夫が参拝する姿をまねて神様に頭を下げていた。

私どもの教会では外出時と帰宅時に、つつがなきようにとのお願いと、お礼の心を込めて神様に参拝する。

N君の姿を、最初はまねをしているだけかと思っていたが、ずいぶん長い間頭を下げ、何かをつぶやいている。参拝を終えたN君に「神様にお参拝できて偉いね」と言うと、「妹が元気になるようにお願いしたんだ」と言った。そして「ねえおじさん、ぼくの妹、元気になれるよね」と見つめた。

彼の妹は生まれつき体に障害があり、車いす生活をしている。質問されたその瞬間、まぶしい瞳《ひとみ》と健気《けなげ》な思いが胸に迫り、私はN君の肩を抱いた。言葉だけでは伝えきれないもどかしさを感じながらも、「大丈夫だよ。N君の思いは、きっと神様に通じるよ」と答えた。

数日後、再びN君の参拝する姿があった。私は「妹さんが元気でいてくれるためのお話があるんだけど、聞いてくれる？」と話しかけた。N君は「うん」とうなずき、またしても澄んだ瞳で私を見つめた。

「それはね、N君が元気でいることなんだよ。つらいときや悲しいときは、思いっきり泣いたらいいんだ。でも泣き終わったら、いつものN君に戻って、元気に笑い、元気に遊ぶ。それが元気に生きるっていうこと。そんな元気なN君の姿を、妹さんはきっと喜んでくれると思う。そして、いつも元気な心でいてくれると思うよ」

そう話すと、N君は「おじさん、分かった。ありがとう」と言って、元気いっぱい遊びの輪に入っていった。

N君は、その後も時折、正夫と一緒に参拝し、私を見つけると「おじさん、ぼく元気だよ」と笑顔を向けた。

N君は小学校卒業と同時に、少し離れた所へ引っ越し、正夫とは違う中学校へ進学した。だからN君との再会は、久しぶりのことだった。

「元気そうだね」と話しかけると、「ぼくも妹も、とても元気です」と言った。短い時間だったが、中学校のこと、部活のことなどを楽しそうに話してくれた。

「学校がお休みのときに、また遊びにおいで。正夫もおじさんも待っているよ」と私が言うと、「うん。ぼくも正夫君に会いたいから、必ず行きます」と応《こた》えた。

人は、病気や怪我《けが》や障害、あるいはさまざまな困難を抱えながら生きていく。本人も関《かか》わる人も、悩みに向き合いながら、これがあればこそ、この人がいてくれればこそと受けとめられたなら、きっとすてきな家族や社会になるだろう。

かつて正夫がN君の家へ遊びに行ったとき、N君と二人だけで遊ばずに、妹さんにも声をかけて一緒に遊んだ。N君のお母さんにはそれがとても嬉《うれ》しかったらしく、わざわざその喜びを私たち夫婦に伝えに来てくれたことがあった。

N君が大きな声で私を呼び、手を振ってくれたこと、「ぼくも妹も、とても元気です」と言ってくれたこと、また遊びに来ると言ってくれたこと、あのときと同じ澄んだ瞳で見つめながら話してくれたこと……。

陽《ひ》だまりが嬉しい冬の始まりの日、何もかもが温かいN君との再会だった。

Iちゃんの祈り

例年よりひときわ長い冬が終わりを告げ、ようやく春の訪れを感じる三月のある深夜、私のお腹《なか》の中でも何か異変が起きたかのごとく、しくしくと痛みだした。日ごろの不摂生がたたったのだろうかと、遅い反省をしながら眠れぬ夜を過ごした。

翌朝、家族に痛みを告げると、里子たちから「お父さん、飲みすぎ!」とのイエローカードが出された。自覚しているものの、審判の判定には逆らえない。かくして、しばらくは禁酒はもちろん、大好きなコーヒーや辛《から》いものも断ち、妻が作るおかゆをすすることになった。

そんなある日、Ｉちゃんから近況を知らせるメールが届いた。Ｉちゃんは、とてもデリケートな心を持ち、人の何倍も周りのことを察する女の子で、だから心が疲れやすく、その都度、私にメールをくれる。遠方に住んでいるためになかなか会うこともできないが、それだけに大切な私のメル友だ。

返信に、私の胃痛を知らせると、すぐに涙マークが五つも並んで返ってきた。私が「心配かけてごめんね。大丈夫だよ」と打ち返すと、「いつも私が心配ばかりかけているから……、ごめんなさい」と伝えてきた。Ｉちゃんのせいじゃないことと、すぐに良くなるから心配しないようにと返事をして、しばらく日が過ぎた。

一週間ほどしたころに、再びIちゃんからメールが届いた。

「会長さん、あのときはごめんなさい。初めて自分以外の人のお願いを神様にしています。会長さんが元気になるように毎日お願いしているから、早く良くなってください」

「あのとき」とは、以前にIちゃんが自分の悩みで心がいっぱいになっていた日のことを指す。私は、家族や周りにいる人たちに目を向けると、たくさんの感謝や人への祈りが生まれてくることを説明し、そのような過ごし方を勧めた。しかし、Iちゃんの答えは「いまは自分のことで精いっぱい、人のことまで考えられない」だった。全くその通りで、だから苦しいのだった。浅はかに私の思いを伝えてしまったことを反省し、謝った。

そのIちゃんがいま、私のことを神様にお願いしてくれていると知り、心がぽかぽかと温かくなった。

食事のたびに妻や娘夫婦が、私の口元へ運ぶ箸《はし》を見つめ、「大丈夫?」と心配してくれる。教会に来る方々からも、たくさんの激励の言葉を頂戴《ちょうだい》し、見守るような子供たちの心もひしひしと伝わってくる。そして、Iちゃんをはじめ多くの方の祈りのおかげで、痛みは少しずつ消えていった。大勢の方の優しさに包まれて自分があることをあらためて感じ、つくづく幸せに思った。

数日後、「そろそろ全快!」と勝手に決めつけた私は、風呂上がりの缶ビールをテーブルに置いた。ちょうどそのとき電話が鳴り、応対を終えてテーブルに戻ると、置いたはずのビールが消えている。

「あれ?」と辺りを見回す私の姿を見て、正夫と将太《しょうた》が顔を見合わせて笑った。

まだダメ！
ま

やはり子供たちの仕業《しわざ》だった。

小学二年生の将太が大きな声で「まだダメ！」と叫び、中学二年生の正夫が「お父さんのためだよ」とニヤニヤしながら言った。

「そうか、ありがとう。分かったよ」と私が言うと、正夫が「お父さん、本当に長生きしてくれないとだめだからね」と、今度は真剣な面持ちで私を見つめながら静かにつぶやいた。その瞳《ひとみ》は、かすかに潤んでおり、私は抱きしめたくなる衝動に駆られた。

その晩、Ｉちゃんにも元気になったことと、祈ってくれたことへのお礼をメールで伝えた。すぐに来た返信には、ニコニコマークが五つも並んでいた。

『稿本天理教教祖伝逸話篇』から

おやさまのお心を求めて

「天の定規にあてたら」

教祖《おやさま》は、ある日飯降伊蔵《いぶりいぞう》に、「山から木を一本切って来て、真っ直《す》ぐな柱を作ってみて下され」と、仰せになった。伊蔵は、早速、山から一本の木を切って来て、真っ直ぐな柱を一本作った。すると、教祖は、「一度定規《じょうぎ》にあててみて下され」と、仰せられ、続いて、「隙《すき》がありませんか」と、仰せられた。伊蔵が定規にあててみると、果たして隙がある。そこで、「少し隙がございます」とお答えすると、教祖は、

「その通り、世界の人が皆、真っ直ぐやと思うている事でも、天の定規にあて

たら、皆、狂いがありますのやで」

と、お教え下された。

（『稿本天理教教祖伝逸話篇』三一「天の定規」から）

子供部屋から、けたたましい叫び声が聞こえる。また、けんかだ。しばらくは放っておくが、一向に静まる気配はなく、重い腰を上げて仲裁に向かう。

子供たちは私の姿を見るや、「お父さん、ちょっと聞いてよ……」「お父さん、お兄ちゃんが……」と、自分こそが正しいと言わんばかりに、われ先にとけんかの理由を口にする。しかし、それぞれが私に仲裁を求めながらも、心ない相手の言葉にさらに激高し、私を挟《はさ》んで、ますます諍《いさか》いはエスカレートしていく。

どちらにも言い分はあるが、お父さんはどちらの味方でもないことと、けんかは両方とも悪いことを伝え、冷静になるために、しばらく二人を引き離す。

時にはクスッと笑ってしまうような、たわいないけんかもあるが、これ以上エキサイトさせてはいけない場面もある。毎日繰り返されるわが家の一シーン。おそらく、どこの家庭でも同じようなものだろう。

しかし、子供のことだからと笑ってばかりはいられない。周りを見渡せば、大人の世界はそれ以上。夫婦、親子、兄弟姉妹、地域や職場など、あちらもこちらも争いごとが絶えない。国と国との衝突やテロ事件、残虐な戦争も治まる気配はない。

なぜか。元を見つめれば、子供同士のけんかにもよく似ていて、「あちらが悪い」「こちらの気持ちを分かっていない」「あの考え方はおかしい」といった自己主張の世界にたどり着く。

「世界の人が皆、真っ直ぐやと思うている事でも、天の定規にあてたら、皆、狂いがありますのやで」

多くの人が、自分こそ正しい、わが家の方針に間違いはない、私の国の考え方が本当だ、などと言い張る世界。子供のけんかでも、仲裁に入れば心が重く暗くなり、ため息もつい出てしまうのだから、人間の親である親神様《おやがみさま》は、この争い多き世界をどのようにご覧になっているだろうかと思う。

憤《いきどお》りや怒りを覚えるのは仕方がない。でも時には、天の定規の目盛りを見つめたい。本当に自分が正しいのか、たとえ正しいとしても、相手に不足をさせない対応ができているか、自らの言動で相手を傷つけていないか、自らの心に欲と慢心はないか、文句を言う前にお礼を言うことはないのか……など、その目盛りには、争いに至るまでに振り返らなければならないことがたくさん刻まれているように思う。

繰り返されるけんかに、つい深刻になっていると、子供部屋から笑い声が聞こえてきた。いつの間にか仲直りをし、お兄ちゃんが弟を膝《ひざ》に抱いてテレビを見ている。さっきのバトルが嘘《うそ》のようだ。

子供たちは沸騰《ふっとう》しやすいが、ひと時過ぎれば、どちらからともなく「ごめんね」と言い、あっという間にけんかは終息する。これも日常の情景だ。きっと、おやさまもほほ笑んでおられることだろう。

天の定規を心にあてたら、大人よりも子供のほうが、隙はずっと小さいかもしれない。

「物は大切にしなされや」

教祖《おやさま》は、十数度も（警察や監獄へ）御苦労下されたが、仲田儀三郎《なかたぎさぶろう》も、数度お伴《とも》させて頂いた。

そのうちのある時、教祖は、反故《ほご》になった罫紙《けいし》を差し入れてもらってコヨリを作り、それで、一升瓶を入れる網袋をお作りになった。それは、実に丈夫な上手に作られた袋であった。教祖は、それを、監獄署を出てお帰りの際、仲田にお与えになった。そして、

「物は大切にしなされや。生かして使いなされや。すべてが、神様からのお

与えものやで。さあ、家の宝にしときなされ」

と、お言葉を下された。

（『稿本天理教教祖伝逸話篇』一三八「物は大切に」から）

マグカップの取っ手が取れてしまった。〇〇焼といった高価なものではないが、長年使っていたので愛着がある。そこで、陶器用の瞬間接着剤を買ってきて取り付けることにした。

その作業をしていると、見ていた子供が「お父さん、その接着剤いくらだった？」と聞く。「税込み三百二十四円」と答えると、「百円ショップでマグカップ売ってるのに……」と言った。

修理するよりも新しいものを買ったほうが早くて安いとは……。それも子供に指摘されて……。何か釈然としないものを感じながらの修繕になった。

おやさまがお使いになっていた茶碗《ちゃわん》の中には、欠けたものを接《つ》いだものがあり、しかも模様ものの普通の茶碗に、錦手《にしきで》の瀬戸物で接いだものがあるといわれる。先人は「本部の宝や」と話されていたと聞く。

いまは瞬間接着剤という便利なものがあり、それこそ瞬時に補修できるが、昔はどのように接いでいたのだろうか。調べてみると、漆《うるし》で接着したあと、接ぎ目に金や銀、白金などの粉を蒔《ま》いて飾る「金繕《きんづくろ》い」という方法や、白玉粉《しらたまこ》と呼ばれる鉛ガラスの粉末で接着してから加熱する「焼き接ぎ」という方法などがあることが分かった。いずれも、大変な時間と手間がかかる。職人に頼めば、それなりの費用もいるだろう。

天理教少年会では、「生きるよろこびを味わいます」「ものを大切にします」

「仲良くたすけあいます」という〝三つの約束〟を提唱している。私どもの教会では夕づとめが終わると、子供たちが声を揃《そろ》えて、それを言う。なかでも「ものを大切にします」は、日常生活のなかで具体的に取り組める目標だと思う。物は「天の与え」と教えられ、それを作った人の心もこもっている。物を大切にすることは、神様のお働きや人の心を大切にすることに通じる。

実生活では、壊れてしまった物や、大きく穴の開いた靴や衣類を捨てることがある。そんなとき妻は、子供たちと一緒に「長い間ありがとうございました」と、その物に向かってお礼を言ってから処分している。また、新しい物を頂いたり買ったりしたときは、最初に親神様《おやがみさま》にお供えしてから使うように心がけている。すべて神様からのお与えであることを教え、大切に使うように話もする。

おやさまは、おひねりの紙なども丁寧《ていねい》に皺《しわ》を伸ばし、座布団の下に敷いて御用にお使いなされた。また、かんなくずを三つ組みの紐《ひも》に編んだりもされたという。

「物は大切にしなされや。生かして使いなされや。すべてが、神様からのお与えものやで」

マグカップの取っ手をようやく付けたが、何かしら手触りが悪い。また取れるかもしれないし、洗うときに手を傷つけるかもしれない。そこで、事務机の上でペン立てとして余生を送ってもらうことにした。ペンを立てていると子供が来て、工作の授業で作ったというコースターをプレゼントしてくれた。早速、マグカップペン立ての下に敷いた。

「皆、吉い日やで」

教祖《おやさま》は、高井直吉《たかいなおきち》に、

「不足に思う日はない。皆、吉《よ》い日やで。世界では、縁談や棟上げなどには日を選ぶが、皆の心の勇む日が、一番吉い日やで」

と、教えられた。

一日《ついたち》　はじまる

二日《ふつか》　たっぷり

三日　身につく

四日　仕合わせようなる
……
三十日は一月《ひとつき》、十二カ月は一年、一年中一日も悪い日はない。
（『稿本天理教教祖伝逸話篇』一七三「皆、吉い日やで」から）

教会の前会長である父は、若いころ栃木県へ出向き、布教していた。そのころのことを思い出して、こんな話を聞かせてくれたことがある。

ある雨の日、納屋《なや》で作業をしていた農家の方に、「今日は、あいにくの天気で大変ですね」と声をかけた。すると「あなたにはあいにくの天気だろうが、われわれ農家の者にとっては実にありがたい天気で、この雨のおかげでお米や農作物ができるのだ」と言って、叱《しか》られたという。

父は晩年、「結構やなあ」が口癖《くちぐせ》だった。切迫した病気の方や、困難な事情を抱えた方にも、そう言った。その父にも、そんな時代があったのかと思いながら話を聞いていた。すると父は、「今日までに出会った大勢の人と、たくさんの時間のおかげで、いまのわしがある。だから若い日も、やっぱり皆、吉《よ》い日やった」と言った。

私が若いころ、妻と一緒に布教に歩いているとき、一人の老婦人と出会った。何度か回数を重ねてお訪ねするうちに、神様の話に耳を傾け、教会へも参拝に来てくださるようになった。

そこで、教会の月次祭《つきなみさい》の説明をして、ぜひ参拝してもらいたい旨を告げると、「その日は具合が悪い」と言われる。彼女は占いを生業《なりわい》にしていて、自らの毎日の行動や方角の吉凶を占いの結果にゆだねていた。月次祭の日は、出かけるにはとても都合が悪い日だというのだ。

「不足に思う日はない。皆、吉い日やで。世界では、縁談や棟上げなどには日を選ぶが、皆の心の勇む日が、一番吉い日やで」

私は、おやさまのお言葉と、その意味を伝えたが、「私の商売の邪魔をする気なの」と一喝《いっかつ》されてしまった。

そんなやりとりをした数日後、老婦人と離れて暮らす息子さんが急病になった。彼女は血相を変えて教会へ参拝に来られ、共にお願いのおつとめを勤めた。そのとき私は、教会日参をお勧めした。すると、ハンカチで目頭を押さえながら「分かりました」とうなずかれた。

翌日から、老婦人の日参が始まった。雨の日も風の日も熱心に教会に通い、お願いづとめを勤めた。その甲斐《かい》あって、二十一日目に息子さんは意識を取り戻し、数日後には退院の日を迎え、その日のうちに老婦人は息子さんを連れて参拝に来られた。彼女は満面に笑みを浮かべ、「神様のおかげです」と言った。ひときわ吉い日になったに違いない。

それから長い時を経て、私は老婦人に「あの日参を続けている間、日を選んだり、方角を考えたりすることはなかったのですか」と聞いた。すると「皆、吉い日ですから……」と笑顔で答えられた。

テレビ番組では毎朝、星座占いを放送している。私どもの教会でも、子供たちが学校へ行く前に見ているときがある。

つい先日の出来事。「お父さんは、今日サイテーだよ。気をつけたほうがいいよ」「今日は、ぼくの星座が一番なんだ」と、親切とも冷やかしとも取れるようなことを、わざわざ伝えに来た。ハナから占いに興味がない私は「はいはい、ありがとう。気をつけて行ってらっしゃい」と言いながら、子供たちを見送った。なんとも楽しい子供たちだ。

毎日が新しい日々の連続。一瞬の休みもない時の巡り。親神様《おやがみさま》からお与えいただく日に、悪い日などあるはずがない。そして、子供たちと紡《つむ》ぐ日々と賑《にぎ》やかな教会生活。「サイテー」なんていう日は、今日までに一日もあったためしはなく、これからもきっとないだろう。

嬉《うれ》しく、ありがたく、もったいない「吉い日」は、これからも連綿と続いていく。

「子供が分からんのやない」

教祖《おやさま》の仰せに、

「分からん子供が分からんのやない。親の教《おしえ》が届かんのや。親の教が、隅々まで届いたなら、子供の成人が分かるであろ」

と、繰り返し繰り返し、聞かして下された。お蔭《かげ》によって、分からん人も分かり、救《たす》からん人も救かり、難儀する人も難儀せぬようの道を、おつけ下されたのである。

（『稿本天理教教祖伝逸話篇』一九六「子供の成人」から）

小学生の里子が町の柔道教室へ通っている。道場では稽古《けいこ》が終わると、全員で畳の掃き掃除をする。しかし子供たちにとって、長い柄《え》の箒《ほうき》を使うことはなかなか難しい。

ある日の保護者会で、上手に掃除できない子供たちのことが話題に上った。「掃除できない子」「箒が使えない子」といった表現を聞きながら、差し出がましくも「もし、皆さんにご了承いただけるのなら、一度、私が箒の使い方を教えたい」と申し出た。

私は若いころ、大教会で長い間「青年づとめ」をしていた。来る日も来る日も掃除の連続。だから箒や雑巾《ぞうきん》の使い方だったら、ほかのお父さんたちには負けない自信がある。もっとも、柔道の技や力に関しては、とてもかなわないのだが……。

皆さんが一様に「お願いしたい」という返事なので、ある日の稽古が終わってから、子供たちに、箒の持ち方を手始めに、畳の目に沿って掃くこと、一列に並んで前の人が掃いた後を次の人が掃いていく方法などを教えた。

「さあ、やってみよう」と声をかけると、子供たちは大喜びで掃除に取りかかった。後の子が追い越しそうになると、「待て」「抜くな」と制止する声が飛び交い、道場は笑いと喧噪《けんそう》に包まれた。

その日から多くの稽古日を重ね、子供たちはいま、箒を取り合うようになった。掃除も上手になり、以前よりも早く終わる。

私たち大人は子供たちに対して、「これくらい分かっているだろう」と思い込んでいることがよくあると、つくづく思う。

私には、教会で暮らす子供たちだけでなく、「理の子」といって、この道の教えを伝えるべき人たちがいる。老若男女、人生経験もさまざまで、年齢的には大先輩の人もいる。そのような方たちから相談を受ければ、教えに基づく生き方や心づかいなど、一般的な考えではなかなか理解しにくいだろうと思えることでもお話しする。

何度も同じ過ちを繰り返す人には、これくらいのことがなぜ分からないのか、なぜ何遍言っても分からないのかと、つい相手を責めてしまいそうになるのだが、そんなときにふと、おやさまのお言葉が心に浮かぶ。

「分からん子供が分からんのやない。親の教が届かんのや。親の教が、隅々まで届いたなら、子供の成人が分かるであろ」

じっくり、優しく、向き合いたい。いつか相手の心に大切なことが伝わる日を信じて、教えを届け続けたい。

「そっちで力を入れたら」

仲野秀信《なかのひでのぶ》が、ある日おぢばへ帰って、教祖《おやさま》にお目にかかった時のこと、教祖は、「あんたは世界で力強《ちからづよ》やと言われていなさるが、一つ、この手を放してごらん」と、仰せになって、仲野の両方の手首をお握りになった。仲野は、仰せられるままに、握られている自分の手を引いてみたが、なかなか離れない。……力を入れて引っ張れば引っ張る程《ほど》、だんだん堅く握り締められて、ついには手首がちぎれるような痛さをさえ覚えて来た。ついに堪《た》え切れなくなって、「どうも恐れ入りました」と言って、お放し下さるよう願った。すると、教祖は、

「そっちで力をゆるめたら、神も力をゆるめる。そっちで力を入れたら、神も力を入れるのやで。この事は、今だけの事やない程に」

と、仰せになって、静かに手をお放しになった。

（『稿本天理教教祖伝逸話篇』一七四「そっちで力をゆるめたら」から）

教会の神殿を掃除しているとき、お社《やしろ》にしがみつきたくなるような衝動に駆られることがある。解決困難な事情や、回復の兆しがなかなか見られない病気の、おたすけに掛かっているときの率直な心情だ。

気持ちを落ち着けながら、祈るように布巾《ふきん》でお社を拭《ふ》いていると、じんわりと、おやさまのお言葉が浮かんでくる。

「そっちで力をゆるめたら、神も力をゆるめる。そっちで力を入れたら、神も力を入れるのやで。この事は、今だけの事やない程に」

心のなかでお言葉を反芻《はんすう》しながら、「真心を込めておたすけに掛からせていただきます」と、そうお誓いして、またお社を拭く。

前会長である父が晩年、遠く過ぎ去った日に思いを馳《は》せて「お社を拭きながら、よう泣いたものや」と話してくれたことがあった。病弱な身体《からだ》を押して、教会の移転事情を一身に背負いながら、神様にすがって歩んだ日々。その道中を、どんな思いで通ったのだろうかと思うと胸が詰まる。

つい、自分の狭い了見で物事の善悪を判断し、自らの都合に合わせた考え方をしてしまいがちな私だ。おやさまはきっと、親神様《おやがみさま》のご守護と御教《みおし》えに、力をゆるめず、しがみつきなさいと仰せくだされているに違いない。この逸話から、そう拝察する。

北風が肌に冷たいある日、子供と二人連れで町を歩いていると、私のジャケットのポケットに突然、小さな手が入ってきた。そのしぐさが愛らしく、ポケットの中で手を握ると、「お父さん、痛いよ」と黄色い声を上げた。

またある日、幼い孫を抱きながら階段を下りていると、小さな手に渾身《こんしん》の力を込めて首にしがみついてきた。「大丈夫だよ、落とさないよ」と、ぎゅっと抱きしめた。子や孫のしがみつきには、条件など求めるものが何もない。だから親は、ただ嬉《うれ》しい。

おやさまは、子供のようなしがみつきを私たちに求めておられるのだと思う。神様にもたれて、力いっぱいしがみついて、おたすけをさせていただこう。お社を拭きながら、あらためてお誓いした。

「理を聞いて、イガや渋をとったら」

教祖《おやさま》は、ある時、増井《ますい》りんに、

「九月九日は、栗《くり》の節句と言うているが、栗の節句とは、苦がなくなるということである。栗はイガの剛《こわ》いものである。そのイガをとれば、中に皮があり、又《また》、渋がある。その皮なり渋をとれば、まことに味のよい実が出て来るで。人間も、理を聞いて、イガや渋をとったら、心にうまい味わいを持つようになるのやで」

と、お聞かせ下された。

（『稿本天理教教祖伝逸話篇』七七「栗の節句」から）

この秋、たくさんの栗を頂戴《ちょうだい》した。茹《ゆ》でただけでは子供たちの食指があまり動かないので、時間を見つけては皮むきをしてお皿に盛り、テーブルに載せておいた。すると皆が喜んで食べ、たちまち無くなってしまった。リンゴやミカンと違い、栗は簡単には食べられない。皮をむく作業も、気をつけないとナイフで手を切ってしまう。苦労しながら味わうから、なおもおいしい秋の味覚である。

栗をむきながら、おやさまのお言葉が心に浮かんだ。

「人間も、理を聞いて、イガや渋をとったら、心にうまい味わいを持つようになるのやで」

世の中には、自分の周りに自然と人が寄ってくるという方がいる。冬の寒い日、陽《ひ》だまりに人が集まるように、また、夏の猛暑のなか、木陰に涼を求めるように。暑すぎず寒すぎず、心地よい温かさと涼しさを兼ね備えている方なのだろう。まさしく「心にうまい味わいを持つ方」だと思う。どうすれば、そんな人になれるのだろうか。

親神様《おやがみさま》からお与えいただく人生の日々には、喜びもあれば、苦しみや悲しみもある。また、さまざまな病気や事情とも向き合わざるを得ない。一つひとつを受けとめ、克服しながら生きていくのだが、それは栗のイガを取り、皮をむき、渋をはがしているような営みなのかもしれない。

さまざまな出来事を通して、心にあるトゲや硬い皮、そして渋のようなアクが取れることで、人の優しさや温かさを知る。こうした積み重ねによって、自らも味わい深い心になっていく。そんな人生は素晴らしいと思う。

せっかくの人生、長い時間をかけながら、うまい味わいを身に付け、どこからともなく人が集まり、人から慕われるような生き方をしたい。

「理を聞いて」の「理」とは、親神様の教え、おやさまのお心にほかならない。日常生活にある小さな出来事にも、病気や事情のなかにも、しっかりと神様に向き合いながら、その深い親の思いを尋ねたい。

ほくほくとした栗を頰張《ほおば》る子供たちの笑顔も、秋の嬉《うれ》しい収穫の一つだ。こんなにおいしそうに食べてくれるのならと、硬い皮をむく作業にも精が出る。先の笑顔を楽しみに、心の皮も丹念にむいていきたい。

「木綿のような心の人を」

教祖《おやさま》は、松尾市兵衛《まつおいちべえ》、ハルの夫婦に、「今日は、麻と絹と木綿の話をしよう」と、仰せになって、

「……木綿は、どんな人でも使《つこ》うている、ありきたりのものやが、これ程重宝《ほどちょうほう》で、使い道の広いものはない。冬は暖かいし、夏は、汗をかいても、よう吸い取る。よごれたら、何遍でも洗濯が出来る。色があせたり、古うなって着られんようになったら、おしめにでも、雑巾《ぞうきん》にでも、わらじにでもなる。形がのうなるところまで使えるのが、木綿や。木綿のような心の人を、神様

は、お望みになっているのやで」

と、お仕込み下された。

（『稿本天理教教祖伝逸話篇』二六「麻と絹と木綿の話」から）

若いころ、「木綿のハンカチーフ」という歌が流行《はや》った。当時学生だった私は、なぜ木綿のハンカチーフなのだろうかと疑問に思った。アイドル歌手が歌うのだから、シルクとかレースのハンカチと言ったほうが、ずっとおしゃれなはずなのに……と。

そんな遠い日の記憶をよみがえらせる時が、やがてやって来る。知人の結婚式に出席した折、始まるまでのひと時、待合室でドリンクサービスが用意されており、その部屋にいた幼い子がテーブルの上にジュースをこぼした。

母親が慌ててハンカチを取り出したが、それは結婚式用の、美しいレースの付いたシルクのハンカチだった。父親はそれで拭《ふ》くことを制し、自分のポケットからハンカチを取り出して拭こうとした。ところが、どうやらナイロン製だったようで水気を吸わない。そこへ、ちょうどホテルのスタッフが来て、布巾で残さずさっと拭いてくれた。その布巾は、おそらく木綿だっただろう。

作詞者の本来の意図は知る由《よし》もないが、私が思うに、都会へ出て変わってしまった恋人にねだる最後の贈り物として、木綿のハンカチーフを選んだのは、流れる涙と共に、悲しさも後に残さずしっかり吸い取ってくれるからではなかっただろうか。何十年も経《た》って、ようやく勝手な解釈にたどり着いた。

「木綿のような心の人を、神様は、お望みになっているのやで」

おやさまから、この「麻と絹と木綿の話」を聞かせていただいたご夫婦は、心に木綿の二字を刻み込み、生涯、木綿以外のものは身に着けなかったという。

おやさまの教えを求める私たちも、心にしっかり木綿の二字を刻みたい。別れの涙を吸い取るだけの木綿では当然ない。凍える寒さの中に身を置く人を、そっと温かく包み込み、懸命に汗をかく人の横では、さりげなくその汗を拭《ぬぐ》い、そして形が無くなるまで、年齢に応じた木綿としての生き方を貫きたいと思う。

また、このお話は、贅沢《ぜいたく》を慎《つつし》むことの大切さも教えてくださっていると思案する。当時の人々にとって、木綿こそが何より尊いというお話は、得心がゆくお話であったと思う。そしてそれは、物があふれる現代に生きる私たちが心しなければならないお話ではないかとも思う。

おやさまは、時を超え、さまざまな深い意味を込めて、「木綿の心」をお話しくださったに違いないと悟っている。

「人間の反故を、作らんように」

教祖《おやさま》が、ある日、飯降《いぶり》よしゑにお聞かせ下された。

「よっしゃんえ、女はな、一に愛想と言うてな、何事にも、はいと言うて、明るい返事をするのが、第一やで」

又《また》、

「人間の反故《ほうぐ》を、作らんようにしておくれ」

「菜の葉一枚でも、粗末にせぬように」

「すたりもの身につくで。いやしいのと違う」

と。

（『稿本天理教教祖伝逸話篇』一一二「一に愛想」から）

少年A君の面接をするために、ある少年院へ出向いた。重い鉄の扉の開け閉めを何度も繰り返し、その都度、鍵《かぎ》と鉄の無機質な音の響きをくぐり抜けながら、彼らが生活する居住空間まで行く。

面接室でA君を待っていると、刑務官に伴われて私の前に現れた。しかし、彼はうなだれたまま顔を上げようとしない。あいさつをしても、何かを尋ねても、小さくうなずくだけで声を聞くこともなく、とうとうわずかな面接時間は終わってしまった。

刑務官が私に「お時間です」と告げ、A君に立つよう促したとき、いったい私は何をしにここまで来たのだろうか、この面接にどのような意味があったのだろうか、という思いになった。

私は、刑務官の背中に向かって「すみません、あと一分、頂けませんか？」と問うた。振り向いた刑務官の「どうぞ」という言葉を受けて、「A君、何かひと言、心の底から言いたいことはないか？」と聞いた。A君は消え入るような小さな声で、「お母さんに会いたい……」とつぶやいた。

初めて聞くA君の言葉に、私の目には瞬時に涙があふれた。

手元にはA君の身上書《しんじょうしょ》があり、A君が幼いころに離ればなれになった母親のことも、その後さらに壊れ続けた家庭のことも記されている。私はその書類を握りしめながら、「よく話してくれたね、ありがとう。僕は男だから、君のお母さんになってあげることはできないが、親父《おやじ》にならなってやれるぞ。君がここから出てくる日を楽しみに待っているよ」と言うと、そのとき初めてA君は顔を上げ、私を見つめた。そしてA君の瞳《ひとみ》から一筋の涙が頰《ほお》を伝った。

面接に来て良かったと、ホッとするものをようやく感じながら帰途に就いた。

車中、ふと心に、おやさまのお言葉が浮かんだ。

「人間の反故を、作らんようにしておくれ」

私はおぢばを思い浮かべて黙想し、おやさまに「大切に育てます」とお誓い申し上げた。

後日、A君から手紙が届いた。「白熊さん、ありがとうございました。この間まで、ぼくの人生なんてどうでもいい、どうなってもいいと思っていました。でも、心のなかに少し、やり直したいと思う気持ちが出てきました。だから、よろしくお願いします」と。

その後、面接と文通を続けていくうちに、A君は施設内の模範生となり、予定よりも早く退院日を迎えることができた。いまは元気に社会復帰し、定職にも就き、第二の人生を歩み出している。

先日、スーツ姿のA君が私を訪ねて教会へ来てくれた。施設に収容されていた面影はどこにもない。私が差し出す手を握るA君の手が、力強く頼もしかった。

日々出会う人は、親神様から「さあ、この子を頼むよ」と託された人に違いない。だから、どの人も宝だ。反故《ほご》にするようなことをしてはならないと、あらためてお誓いした。心を痛めながらも決して諦《あきら》めず、精いっぱいに受け入れ、祈り、寄り添い、抱きかかえながら育てていきたいと思う。

「神一条の話より外には何も要らん」

梅谷四郎兵衛《うめたにしろべえ》が、ある時、教祖《おやさま》のお側《そば》でいろいろお話を承《うけたまわ》っていたが、ふと、「ただ今、道頓堀《どうとんぼり》に大変よい芝居がかかっていますが」と、世間話を申し上げかけると、教祖は、その話を皆まで言わさず、

「わしは、四十一の年から今日まで、世間の話は何もしませんのや。この屋敷はな、神一条の話より外《ほか》には何も要《い》らん、と、神様が仰せになりますで」

と、お誡《いまし》めになった。

（『稿本天理教教祖伝逸話篇』一五九「神一条の屋敷」から）

私がまだ教会長後継者であったころの話だ。支部や教区、大教会などの青年会活動に力を注いでいた。教会にはその時々、お道の若者が集まり、時には夜遅くまで、活動やおたすけについて話し合った。時には口角泡《こうかくあわ》を飛ばす勢いで、信仰を求めて熱く語り合い、夜が更けることもあった。そんな若き時代が、いま懐かしくもある。

ある日、夕づとめ後に青年会スタッフを教会に迎えて会議をすることになっていた。夕づとめを終えると、当時会長であった父が「ここは教会や。教会は、教理やおたすけの話をするところや。それ以外の話は、ほかでするように」と私に言った。

そう言われる心当たりが、確かにあった。もちろん会議は、信仰についての話が大部分を占めたのだが、ついつい車やパソコン、テレビ番組など、若い世代が興味を持つ話へと、知らぬ間にレールが切り替わっていたのだ。木造建築の狭い教会ゆえに、父には聞きたくない話も筒抜けで、自然と耳に入ってくる会話をいぶかしく思っていたのだろう。父は「車の話なら、自動車屋ですればいい。パソコンの話なら、電器屋へ行ってしたほうがずっといい。ここは教会や。神様の話をするところや」と続けた。

「この屋敷はな、神一条の話より外には何も要らん、と、神様が仰せになりますで」

おやさまは道を求める先人たちに、「里の仙人」になるようにと話された、と伝えられる。仙人は本来、人里離れた山奥などに住み、俗世に染まらず心身の修行にいそしむものだ。「里の仙人」とは、人々が多く住む「里」に住まいながら俗世にとらわれず、心のほこりを払いつつ身も清らかに過ごす、そのような生き方を望まれる言葉のように思案する。修行ということから考えれば、「山の仙人」よりも「里の仙人」のほうが難しいかもしれない。

私は父に厳しく仕込まれながらも、その日集まった仲間に「その話題は、ここでしないでほしい」とは言えず、皆の話を聞いていた。が、自ら話に乗ることはできなかった。青年会の集まりにおける私たちの会話は、それからも何ら変わらなかったが、父の仕込みは、それきりだった。

当時を振り返り、いまあらためて、父は何を言いたかったのだろうかと思案する。

人は易《やす》きに流れ、つい楽しさを求めてしまう。いったんその流れに従えば、留《とど》まるところを知らない。そのうちに欲の心が顔を出し、人や周りの環境をうらやましく思ってしまう。そうなれば、親神様《おやがみさま》の教えという信仰のレール、真の人生のレールから逸《そ》れてしまうだろう。父の言葉は、転ばぬ先の杖《つえ》だったように思う。

いまも新聞広告やテレビのコマーシャルに、つい心が向く。山で修行生活をしていたら触れずにすむ誘惑が、「里」には際限ない。

里にある神一条の屋敷に住みながら、「これが結構。これがありがたい。これで十分。何ともったいないこと。本当に嬉《うれ》しいことだ」と受けとめる日々を過ごしたい。おやさまの教えのありがたさを心から思う。

「丸い心で、つながり合うて」

久保小三郎《くぼこさぶろう》が、子供の楢治郎《ならじろう》の眼病を救《たす》けて頂いて、お礼詣《まい》りに、妻子を連れておぢばへ帰らせて頂いた時のことである。教祖《おやさま》の御前《おんまえ》へ出た小三郎夫婦は、畏《おそ》れ多さに、頭も上げられない程《ほど》恐縮していた。しかし、楢治郎は、当時七、八才の子供のこととて、気がねもなくあたりを見廻《みま》わしていると、教祖の側《かたわ》らに置いてあった葡萄《ぶどう》が目に付いた。それで、その葡萄をジッと見詰めていると、教祖は、静かにその一房をお手になされて、

「よう帰って来なはったなあ。これを上げましょう。世界は、この葡萄のよ

うになあ、皆、丸い心で、つながり合《お》うて行くのやで。この道は、先永《なご》う楽しんで通る道や程に」

と、仰せになって、それを楢治郎に下された。

（『稿本天理教教祖伝逸話篇』一三五「皆丸い心で」から）

あるご婦人から、非行に走った子供のことで相談を受けた。息子さんが日々繰り広げる悪行の数々を羅列し、悪いのは息子なのに、なぜ自分がこんな苦労をしなければならないのかと、私に収まらない思いをぶつけた。

ひとしきり終わると、今度は「主人が……」と、夫に対する不足話になった。仕事人間で家庭を顧みず、夫婦の会話もない。しまいには脂《あぶら》っこいものが好きで、中年太りの体形から髪の薄さに至るまで、息子さんの問題とは掛け離れた話題に終始した。

一カ月後、ご主人に会う機会を得た。物腰の低い、人の良さそうな方だった。饒舌《じょうぜつ》な会話の内容は政治や経済にも及び、会話がないと言う奥さんの言葉とは裏腹に、いったん話しだすと止まることを知らなかった。知識の広さを十分に披露し終えたころ、息子さんの悪行の責任は社会と教育にあると言った。そして最後に、妻のヒステリーを嘆いた。

しばらくして当人の息子さんにも会った。茶髪で、顔にいくつか刺さったピアスが印象的だが、どこにでもいそうな高校生だ。両親のことを聞くと「あんなの親じゃない……」とつぶやいた。そこから先は口を閉ざし、しばらく遠くを見つめた後、大きな音をたてて戸を閉め、部屋から出ていった。

この家庭が丸く治まるためには、何をしてあげたらいいのだろうか……と、その日から思案の日々が続いた。おやさまのお言葉が心に浮かぶ。

「世界は、この葡萄のようになあ、皆、丸い心で、つながり合うて行くのやで」

家庭も社会も世界も、みんなが丸い心になってつながり合えば、けんかやいざこざ、戦争もなくなるだろう。でも、そのために私はどうしたらいいのか……。またしても思案の連続だった。

そんなある日、教会の神饌《しんせん》にブドウが上がった。私は、どうしたら人間は、このブドウのようにつながり合えるのだろうかと、お供えのブドウを見つめた。しばらく眺めていると、あることに気がついた。「ブドウの粒同士はつながっていない」ということに。では、粒はどこにつながっているのか。軸だ。

軸とは何か。それは、親神様《おやがみさま》の教え、おやさまのお心ではないか。そう気づいたとき、私の心に熱いものが流れた。私は、関《かか》わる粒たちをどうつなぎ合わせようかと、必死になって思案していたが、そのようなことは何も考えなくてよいのではないか。それよりももっと大切なことは、自らがしっかりこの軸につながることではないかと――。

教えの軸から心を離さず、しっかりつながっていれば、親神様はやがて、私の心を磨いて、丸い形へと変えてくださるに違いない。私が丸くなれば、隣り合う粒たちが互いに傷つけずに済む。そのことが大切なのだ。私の心が丸くなって周囲と向き合っていけば、きっとこの家族も、丸くつながり合える日が来るはずだ……。

こうした気づきを心に置きつつ、それからも時折その家を訪ね、それぞれの話にひたすら耳を傾けた。あるとき母親が、いつも通りの不足話をした後で、「私の育て方が悪かったのかしら……」とつぶやいた。またあるとき、父親が

「今日は、白熊さんが来る日と聞いていたから」と言って、早めに帰宅した。そして「一緒に飲もうと思って買ってきました。いかがですか」と、かばんからお酒を取り出した。

奥さんは急ごしらえでおつまみを作ってくださったが、それまで見せたことのないすてきな笑顔だった。三人でお酒を頂きながら、和やかな時間が過ぎていった。奥さんは「あなたとこうして一緒に食事をするの、久しぶりね」と言ってほほ笑み、ご主人は「白熊さん、このあいだ、教会で子供たちと食事をするときが一番嬉《うれ》しい時間だって言っていましたよね。とても考えさせられました。私もたまには早く帰って、一緒に食事をしなければ」と言った。

いま三人の家族は、それぞれの粒が房につながった状態にまでは回復していない。でも、それも時間の問題だと思う。これからも私自身が、親神様の教え、おやさまのお心の軸にしっかりつながって、隣り合う人々のおたすけに向かいたいと思う。

「先永う楽しんで通る道」

幼き日、教会が大きな事情に巻き込まれて、土地建物をはじめ家財道具に至るまで、すべてを失った。京都から東京の教会へ後継者として養子に入った父は、義父母と妻と、私たち幼い三人の子供を抱え、都内を転々としながら現在地にたどり着いた。

トタンと板きれで囲ったバラックのような建物に看板をかけたが、とても教会と呼べるものではなかった。電気やガスどころか、その日食べるものさえなかった。そんな状況のなか、常識的に考えれば、まず生活をどうするかということが先決だと思うが、父は、にをいがけ・おたすけに過ごす日々を選んだ。

「おやさまは『二十年三十年経《た》ったら、なるほどという日が来る』と仰せられている。その日が楽しみやなあ」と、父は私たちを励ました。

私が小学生になったとき、父は姉と私と弟に、裏が白紙の広告紙を一枚ずつ渡し、「将来どんな教会にしたいか、絵を描いてごらん」と言った。三人が思い思いに教会の絵を描くと、「どれも楽しそうな教会やなあ」と言って笑った。経済的には不自由ながらも、裸電球の下の家族団欒《だんらん》は懐かしい思い出だ。

物が乏しい状況にあると、ややもすると心まで貧しくなってしまいがちだが、子供たちにそうはさせまいとする父の思いを、いまあらためて尊く感じる。神様の道を歩んでいるのだから間違いはない、困難に心を倒すな、どんなときも夢を持て。父は、自分自身にそう言い聞かせていたのではないだろうかと、遠き日に思いを馳《は》せる。

また、父は生来とても病弱で、病に伏せる日が多かった。冷蔵庫もなく、なけなしのお金で母と氷を買いに行ったことがある。「お父さん、明日はもういなくなってしまうのだろうか」と、子供心に心配しながらの買い物であった。しかし、翌日になると這《は》うように寝床から出てきて、私を呼びつけ、「ポケットに小石を五十個入れて待っていなさい」と命じた。

当時、舗装されていない道路には砂利がたくさんあった。言いつけ通り、ポケットを小石でいっぱいにして待っていると、父は運搬用の傷だらけの自転車の荷台に私を乗せ、その自転車を押しながら、にをいがけに歩いた。自転車をこぐ力もなく、折れてしまいそうな背中が、息をつくたびに前後に揺れた。

父が一軒の家に入ると、私はその戸口で自転車とともに待ち、その姿を確認すると、ポケットの石を一つ捨てた。夕方になって「お父さん、石がなくなったよ」と言うと、さらに四、五軒回り、「今日もありがたかったなあ」と言って一日が終わった。この光景は、私がいま、お道を通る原点になっている。

そんな幼少期を過ごしながら、高校生になったとき、いまの神殿が建ち上がった。新しい神殿で神様を拝したときに、幼いころのさまざまな光景が重なり、「二十年三十年経ったら、なるほどという日が来る」と父が言い続けていた、神様のお言葉が聞こえたように思えた。生意気盛りの高校生の時期に、親神様《おやがみさま》の不思議な世界を体験できたことは、私の生涯の宝である。

いま、時を経て、この「二十年三十年経ったら……」というお言葉に、なんとも言えない親の温《ぬく》みを感じるようになった。いまは子や孫に加えて、三人の里子を養育しており、ほかにも私を頼りにしてくださる教会の方々がいる。子供たちが手伝いなどをしてくれたら、親として、すぐにでもご褒美《ほうび》やお土産《みやげ》をやりたいと思う。親神様も子供である人間には、きっとすぐに褒美を渡されたいに違いない。でも親神様は、長い時間ずっとお待ちになっている。その間、お見守りくださり、励ましてくださり、その日を待ちわびておられる。すぐにご褒美を下さる親より、待っている親のほうがつらいのではないだろうか。そして子供にとっては、そんな親の心を知って味わった喜びは、生涯忘れ得ぬものとなるのではないか。

「この道は、先永《なご》う楽しんで通る道や程《ほど》に」

親なればこそのお言葉だ。どんなにつらく悲しい日があっても、それは結果ではない。そこからが成人へのスタートなのだ。明るい心で先を楽しみながら、夢を持ってこの道を歩みたい。

あとがき

「家族のハーモニー」のエッセーを書き始めて、はや七年目を迎え、二十五作品になりました。

月刊の『人間いきいき通信』（天理時報特別号）は、親神様《おやがみさま》の教え、教祖《おやさま》のお心を社会へお伝えする大切な役目を担っています。全八ページ中、二ページを占める「家族のハーモニー」への執筆を、当初は重く感じたものでした。

そんな硬くなっていた私の心を、実は読者の方々が解きほぐしてくださいました。発行されるたびに、多くの方々から電話やお手紙、メールを頂戴《ちょうだい》するようになり、その内容も、執筆内容に対する共感であったり、嬉《うれ》しかったという言葉であったり、また時には相談を受けたりすることもありました。

「羽ばたく鶴《つる》」(134ページ参照)の折り紙について書いたときには、ある年配の女性から「孫に作ってあげたいので、折り方を教えてほしい」という手紙が届きました。折り方の順番を記して、いくつかの折り紙を同封して返信すると、次には中学生のお孫さんから電話があり、感謝の言葉に添えて「教会の子供たちに、たくさん作ってあげます」との嬉しい言葉を頂きました。

同じく、天理高校第二部に通う「花を育てる女子高生」(140ページ参照)とのやりとりを記したときには、彼女たちをおぢばへ送り出し、日々応援や心配をしている親御《おやご》さんから電話が入りました。「娘たちの地道な作業にスポットライトを当ててくださって……」と。

また、私の娘が出産後、重い病気になったことを記した「病気は神様からの手紙」（90ページ参照）には、「いま私も療養中なのですが、心にストンと治まるものを感じ、気持ちが落ち着きました」という、涙ながらの電話を頂戴しました。毎回、メールで感想をくれる友人もいます。手紙や電話、メールを頂戴しながら、なんてやり甲斐《がい》のある御用だろうと、回を重ねるたびに心に力が湧《わ》き、エッセーを書くことが楽しみに変わっていきました。

何げない日常生活のなかにも、実は思いもかけない喜びや感動があふれています。教会の子供たちや、関《かか》わる人たちとの会話には、宝物が凝縮されています。日々その言葉やしぐさ、表情などを細かく手帳にメモしながら、そのなかから題材を一つ選び、エッセーとして書き上げるのですが、いつも真っ白なキャンバスに絵を描くようなイメージを持ってパソコンのキーを叩《たた》いています。

心に抱くテーマは、ただ一つ「おやさまのお心」です。「おやさまだったら、どのようにお話しくださるだろうか」「おやさまにお喜びいただける生き方とは……」と常に心に問いかけながら、会話や日常の情景を交えて色づけをしていきます。

仕上がる絵は毎回違うのですが、心に「おやさま」という軸があり、その軸を中心にして日々を紡《つむ》いでいくなかでエッセーが生まれてくることを、とても尊く、ありがたく、嬉しく思っています。

このたび道友社より、これまでの作品をまとめて一冊の本にしたいとお話がありました。感謝と喜びで胸がいっぱいです。

「おやさまのお心を求めて」は、私が自教会の教会報（中千住《なかせんじゅ》だより）に毎月綴《つづ》っているもののなかから、十一作品を選んで掲載したものです。

編集を担当してくださった佐伯元治さん、イラストを添えてくださった森本誠さんほか道友社の方々、いつも応援してくださる読者の皆さまに、心からお礼を申し上げます。

世界中の家族にまぶしく光が注がれることを祈念して……。

平成二十八年五月

白熊繁一

白熊 繁一（しらくま しげかず）

昭和32年（1957年）、東京都生まれ。56年、ブラジル・サンパウロに設立された「天龍《てんりゅう》日語学園」の第１期講師として夫婦で３年間勤務。平成10年（1998年）、天理教中千住《なかせんじゅう》分教会長就任。15年、里親認定・登録。19年、東京保護観察所保護司を委嘱。21年、専門里親認定・登録。著書に『家族を紡いで』（道友社）がある。

きずな新書 010

家《か》族《ぞく》日《び》和《より》

立教179年（2016年）７月１日　初版第１刷発行

著者　白熊繁一

発行所　天理教道友社
〒632-8686　奈良県天理市三島町1番地1
電話　0743（62）5388
振替　00900-7-10367

TENRIKYO DOYUSHA

印刷所　株式会社天理時報社
〒632-0083　奈良県天理市稲葉町80

ISBN978-4-8073-0602-2
定価はカバーに表示